Seifert • Locher
HOAI 2021
Textausgabe

Verordnung über die Honorare für Architekten- und Ingenieurleistungen

Einleitung:

RA Prof. Dr. Ulrich Locher

Berechnungsbeispiele:

Dipl.-Ing. (FH) Werner Seifert

Werner Verlag 2021

Bibliografische Information der Deutschen Nationalbibliothek

Die Deutsche Nationalbibliothek verzeichnet diese Publikation in der Deutschen Nationalbibliografie; detaillierte bibliografische Daten sind im Internet über http://dnb.d-nb.de abrufbar.

ISBN 978-3-8041-5453-7

www.wolterskluwer.de

Umschlagkonzeption: futurweiss kommunikationen, Wiesbaden

Satz: Datagroup-Int SRL, Timisoara, Romania

Druck und Weiterverarbeitung: Wydawnictwo Diecezjalne i Drukarnia w Sandomierzu, Sandomierz, Polen

Gedruckt auf säurefreiem, alterungsbeständigem und chlorfreiem Papier.

Inhaltsübersicht

Einleitung

I. Die Entwicklung der HOAI

Die Urfassung der HOAI stammt aus dem Jahr 1977. Sie erlebte inzwischen 8 HOAI-Novellen. Die seit dem Jahre 1977 mit wenigen Änderungen geltende Fassung wurde durch die HOAI 2009 grundlegend novelliert. Nach dem Koalitionsvertrag der damaligen Regierungsparteien vom 11.11.2005 sollte die HOAI dadurch systemkonform vereinfacht, transparenter und flexibler gestaltet sowie noch stärkere Anreize zum kostengünstigen und qualitätsbewussten Bauen verankert werden. Nach mehreren Überarbeitungen trat die 6. HOAI-Novelle (HOAI 2009) am 18.08.2009 in Kraft.

Gleichzeitig mit der Verabschiedung der HOAI 2009 hatte der Bundesrat dem Verordnungsgeber den Auftrag erteilt, diese insbesondere in Bezug auf die Modernisierung der Leistungsbilder, die Honorarstrukturen sowie die Herausnahme der so genannten »Beratungsleistungen« aus dem verbindlichen Preisrecht zu überprüfen. Aus diesem Grund wurden bereits kurz nach Inkrafttreten der HOAI 2009 von dem für die HOAI zuständigen Bundesministerium für Verkehr, Bau- und Stadtentwicklung und dem Bundesministerium für Wirtschaft und Technologie Gutachten zur Untersuchung der Leistungsbilder und zur Aktualisierung der Honorartafeln in Auftrag gegeben. Diese Untersuchungen und Gutachten führten letztlich zur 7. HOAI-Novelle (HOAI 2013), die am Tag nach ihrer Verkündung in BGBl am 17.07.2013 in Kraft trat. Für alle Architekten- und Ingenieurverträge, die vor diesem Datum abgeschlossen worden sind, findet weiterhin die HOAI 2009 Anwendung (§ 58 HOAI 2013).

Da das in den bisherigen Fassungen der HOAI enthaltene gesetzliche Preisrecht mit dem Gebot einer Honorarvereinbarung zwischen den Mindest- und Höchstsätzen (vgl. § 7 Abs. 1 HOAI 2013) nach Auffassung des EuGH gegen Art. 15 Abs. 1, Abs. 2 Buchst. g und Abs. 3 der Richtlinie 2006/123/EG des Europäischen Parlaments und des Rates vom 12.12.2006 über Dienstleistungen im Binnenmarkt verstößt (EuGH BauR 2019, 1624), musste die HOAI erneut geändert werden. Die Neufassung gilt nach § 57 Abs. 2 HOAI 2021 für ab dem 01.01.2021 geschlossene Verträge. Für zuvor abgeschlossene Verträge gilt die zum damaligen Zeitpunkt gültige Fassung der HOAI.

II. HOAI und Europarecht

Während das BVerfG (BauR 2005, 1946) in dem Verbot einer Honorarvereinbarung unter den Mindest- und über den Höchstsätzen eine Beschränkung der Berufsausübungsfreiheit sieht, die aber sachlich gerechtfertigt ist, war es seit langem umstritten, ob darin ein Verstoß gegen die Dienstleistungs- oder die Niederlassungsfreiheit liegt. Um diesen europarechtlichen Bedenken zu entgehen, wurde in § 1 HOAI 2009 der persönliche Anwendungsbereich gegenüber früheren Fassungen eingeschränkt. Die HOAI galt nur noch für Architekten und Ingenieure mit Sitz im Inland, soweit diese die davon umfassten Leistungen vom Inland aus erbrachten. Auf ausländische Architekten war die HOAI in der Regel nicht mehr anwendbar. Diese konnten das Honorar ohne die Beschränkungen des gesetzlichen Preisrechts der HOAI frei vereinbaren, falls sie nicht unter den Geltungsbereich des § 1 HOAI 2009 fielen.

Der EuGH hat in dem Gebot einer Honorarvereinbarung zwischen Mindest- und Höchstsätzen einen Verstoß gegen Art. 15 Abs. 1, Abs. 2 g, Abs. 3 der Dienstleistungsrichtlinie festgestellt (EuGH BauR 2019, 1624). Das in § 7 HOAI 2013 geregelte gesetzliche Preisrecht konnte aufgrund dieses vom EuGH festgestellten Verstoßes gegen das Europarecht keinen Bestand haben. Es wurde in der HOAI 2021 abgeschafft. Umstritten ist weiter, ob die Entscheidung des EuGH Auswirkungen auf bereits abgeschlossene Verträge zwischen Privaten hat und somit eine horizontale Wirkung entfaltet. Dies hätte zur Folge, dass sich die durch das bisherige gesetzliche Preisrecht jeweils begünstigte Partei nicht mehr auf die Unwirksamkeit einer Honorarvereinbarung aufgrund einer Höchstsatzüberschreitung oder einer Mindestsatzunterschreitung berufen könnte. Die obergerichtliche Rechtsprechung zu dieser Frage ist völlig uneinheitlich. Der BGH (BauR 2020, 1490) neigt dazu, eine Auswirkung auf Altfälle zu verneinen. Er hat aber diese Frage dem EuGH zur Entscheidung vorgelegt. Sollte dieser eine horizontale Wirkung eines Verstoßes gegen die Dienstleistungsrichtlinie verneinen, wurde dem EuGH die weitere Frage vorgelegt, ob in dem bisherigen gesetzlichen Preisrecht ein Verstoß gegen die Niederlassungsfreiheit gem. Art. 49 AEUV oder gegen sonstige allgemeine Grundsätze des Unionsrechts vorliegt und ob ggf. aus einem solchen Verstoß eine horizontale Wirkung herzuleiten ist. Dies hätte zur Folge, dass dann auch vor dem Inkrafttreten der HOAI 2021 geschlossene Honorarvereinbarungen unterhalb der Mindest- oder oberhalb der Höchstsätze wirksam wären. Eine Entscheidung des EuGH zu diesem Vorlagebeschluss steht noch aus.

III. Persönlicher Anwendungsbereich

Durch den Wegfall des gesetzlichen Preisrechts in der HOAI 2021 aufgrund der Entscheidung des EuGH vom 04.07.2019 konnte auch die in § 1 HOAI 2013 enthaltene Beschränkung entfallen, wonach die HOAI nur für Auftragnehmer mit Sitz im Inland gilt. Sie ist nunmehr auch auf die vom Anwendungsbereich der HOAI umfassten Leistungen ausländischer Architekten und Ingenieure anwendbar, soweit diese Leistungen im Inland erbringen.

Während in den bisherigen Fassungen der HOAI die Honorare von »Architekten und Architektinnen und der Ingenieure und Ingenieurinnen« geregelt wurden, gilt diese nunmehr für »Honorare für Ingenieur- und Architektenleistungen«. Neben der sprachlichen Entschlackung wird damit klargestellt, dass die HOAI leistungs- und nicht berufsstandsbezogen ist. Die HOAI gilt deshalb nicht nur für Leistungen von Architekten und Ingenieuren, sondern auch für Nichtarchitekten bzw. Nichtingenieuren, wenn diese Architekten- oder Ingenieurleistungen erbringen, deren Honorar in der HOAI geregelt ist. Dies war bisher umstritten, wobei der BGH und im Anschluss daran die Rechtsprechung die Leistungsbezogenheit der HOAI bejaht hatten (BGH BauR 1997, 677; a.A. Locher/Koeble/Frik, HOAI, 14. Aufl. § 1 Rdn. 21 ff.). Die praktische Bedeutung bestand darin, dass im Falle einer berufsstandsbezogenen Anwendung der HOAI Nichtarchitekten bzw. Nichtingenieure nicht an das gesetzliche Preisrecht gebunden gewesen wären mit der Folge, dass diese das Honorar ohne die Bindungen des gesetzlichen Preisrechts hätten frei vereinbaren können.

Nunmehr kann auch ein Generalplaner in einem Generalplanervertrag gegenüber einem Subplaner das Honorar aufgrund des Wegfalls des gesetzlichen Preisrechts frei vereinbaren. Er ist ebenfalls nicht mehr an die Mindestsätze gebunden.

IV. Überblick über die Neuregelungen der HOAI 2021

Die Regelungen der HOAI 2013 wurden zwar überwiegend in die HOAI 2021 übernommen. Allerdings enthält diese nicht mehr das zentrale Element einer im Regelfall zwingenden Honorarvereinbarung zwischen Mindest- und Höchstsätzen. Das Gebot einer Honorarvereinbarung zwischen Mindest- und Höchstsätzen mit der Folge der Unwirksamkeit einer davon abweichenden Vereinbarung musste aufgrund der Entscheidung des EuGH vom 04.07.2019 entfallen, so dass Honorarvereinbarungen zukünftig bis zur Grenze der Sittenwidrigkeit frei getroffen werden können, wenn die dafür vorgesehene Form eingehalten wird. Die HOAI wird auch in Zukunft zum einen als Grundlage für eine Honorarvereinbarung von Bedeutung sein und zum anderen dann, wenn die Parteien keine oder eine formunwirksame Honorarvereinbarung getroffen haben. Neben der Änderung der Ermächtigungsgrundlage für die HOAI in den §§ 1, 2 ArchLG, welche aufgrund der Entscheidung des EuGH vom 04.07.2017 ebenfalls anzupassen war, sind in der HOAI 2021 selbst folgende wesentlichen Änderungen enthalten:

– Der sachliche Anwendungsbereich wurde in § 1 HOAI geändert. Danach regelt die Verordnung nicht nur die Berechnung der Entgelte für Grundleistungen sondern für »Leistungen« und somit für alle Leistungen also auch Besondere Leistungen sowie Beratungsleistungen, welche in der Anlage 1 enthalten sind. Die Gleichstellung der Beratungsleistungen mit den Leistungen in den Teilen 2 bis 4 der HOAI wird durch die Neufassung des § 3 Abs. 1 HOAI unterstrichen, wonach neben der Definition von Grundleistungen klargestellt wird, dass es sich dabei auch um die Leistungen in der Anlage 1 und somit um Beratungsleistungen handelt. Dies hat Auswirkungen auf die Honorarvereinbarung, weil auch dafür nunmehr der Allgemeine Teil der HOAI gilt, so dass Honorarvereinbarungen für Beratungsleistungen nicht mehr formfrei getroffen werden können, sondern dafür die nunmehr nach § 7 Abs. 1 S. 1 HOAI 2021 für eine Honorarvereinbarung erforderliche Textform eingehalten werden muss.

- Kernpunkt der in der HOAI 2021 enthaltenen Neuregelungen sind die aufgrund der Entscheidung des EuGH vom 04.07.2019 erforderlichen Änderungen über die Grenzen einer wirksamen Honorarvereinbarung. Danach bleibt es bei dem Grundsatz, dass es den Parteien frei steht, auch eine vom System der HOAI abweichende Honorarvereinbarung zu treffen.
  - Während in den bisherigen Fassungen der HOAI die Schriftform Wirksamkeitsvoraussetzung für eine Honorarvereinbarung war, wurde in der HOAI 2021 zwar nicht völlig auf ein Formerfordernis verzichtet. Dieses wurde aber unter Berücksichtigung der kommunikationstechnischen Entwicklung auf die Textform nach § 126 b BGB reduziert.
  - Im Unterschied zu den bisherigen Fassungen der HOAI wurde darauf verzichtet, die Wirksamkeit von dem Erfordernis einer Honorarvereinbarung »bei Auftragserteilung« abhängig zu machen. Eine Honorarvereinbarung kann nunmehr zu jedem Zeitpunkt getroffen werden.
  - In Abweichung von den bisherigen Fassungen der HOAI kann eine wirksame Honorarvereinbarung nicht nur zwischen Mindest- und Höchstsätzen getroffen werden (vgl. § 7 Abs. 1 HOAI 2013). Vielmehr unterliegt eine Honorarvereinbarung nur noch den Schranken der Sittenwidrigkeit nach § 138 BGB.
  - Die bisherigen Absätze 2 bis 6 des § 7 HOAI sind entfallen, weil es keine verbindlichen Honorare mehr gibt. Deshalb war auch die Regelung zum Bonus- und Malus-Honorar überflüssig.
  - Da der Inhalt einer Honorarvereinbarung nicht mehr durch die in den Honorartafeln enthaltenen Mindest- und Höchstsätze begrenzt wird, hat der Architekt oder Ingenieur seinen Auftraggeber nach § 7 Abs. 2 HOAI vor Abgabe von dessen Willenserklärung zur Honorarvereinbarung in Textform darauf hinzuweisen, dass auch ein Honorar vereinbart werden kann, welches außerhalb der Honorartafeln liegt. Voraussetzung dafür ist, dass der Auftraggeber Verbraucher i. S. d. § 13 BGB ist. Wird ein derartiger Hinweis nicht rechtzeitig erteilt oder unterlassen, gilt im Falle einer Honorarvereinbarung über dem Basishonorarsatz für die Grundleistungen lediglich ein Honorar in Höhe des jeweiligen Basishonorarsatzes als vereinbart.

- Fehlt eine Honorarvereinbarung oder liegt eine unwirksame Honorarvereinbarung vor – beispielsweise eine mündlich abgeschlossene Vereinbarung –, ordnet § 7 Abs. 1 S. 2 HOAI an, dass für Grundleistungen der jeweilige Basishonorarsatz als vereinbart gilt. Es tritt damit eine Fiktion ein, welcher der bis zur HOAI 2009 geltenden Mindestsatzfiktion entspricht. Gegenüber der in § 7 Abs. 5 HOAI 2013 für derartige Fälle enthaltenen »unwiderleglichen Vermutung« der Geltung der Mindestsätze hat sich im Ergebnis ebenfalls nichts geändert.
- In dem neu eingeführten § 2a HOAI wurde eine Regelung aufgenommen, wonach die Honorartafeln lediglich Orientierungswerte – und keinen verbindlichen Rahmen – enthalten. Ebenso wurde zur Klarstellung eine neue Begrifflichkeit eingeführt. Die Honorartafeln enthalten nicht mehr Mindest- und Höchstsätze, sondern den Basishonorarsatz (bisher Mindestsatz) und den »oberen Honorarsatz« (bisher Höchstsatz). Inhaltlich hat sich dadurch nichts geändert. Die entsprechenden sprachlichen Anpassungen wurden dann in den Honorarregelungen für die einzelnen Leistungsbilder vorgenommen. So wurden beispielsweise durchgängig die Wörter »die Mindest- und Höchstsätze« durch »sind die in der nachstehenden Honorartafel aufgeführten Honorarspannen Orientierungswerte« ersetzt (vgl. z. B. § 35 Abs. 1 HOAI).
- Das für die Wirksamkeit von Honorarvereinbarungen oder teilweise auch nur aus deklaratorischen Gründen vorgesehene Schriftformerfordernis wurde durchgängig durch die Textform ersetzt. Dies betrifft z. B. die §§ 4 Abs. 3, 6 Abs. 2, 7 Abs. 1, 8, 9 Abs. 1, 10, 12 HOAI.
- Die durch das neue Bauvertragsrecht eingeführten Regelungen über die Fälligkeit von Abschlagsforderungen in § 632a BGB sowie der Forderung aus der Schlussrechnung in § 650g Abs. 4 BGB und deren Geltung für den Architektenvertrag wurden die in § 15 HOAI enthaltenen weitgehend identischen Fälligkeitsregelungen überflüssig. Die Neufassung des § 15 HOAI enthält deshalb einen bloßen Verweis, dass für die Fälligkeit der Honorare aus der Schlussrechnung § 650g Abs. 4 BGB und für die Fälligkeit von Abschlagsforderungen § 632a BGB entsprechend gilt.
- Bei den Ingenieurbauwerken wurde § 44 Abs. 7 HOAI 2013 gestrichen, wonach ein Ausnahmefall i. S. d. § 7 Abs. 3 HOAI 2013 vorliegt, wenn der Planungsaufwand für Ingenieurbauwerke mit großer Längenausdehnung, die unter gleichen baulichen Bedingungen errichtet werden, in einem Missverhältnis zum ermittelten Honorar steht. Dies gilt für die vergleichbaren Regelungen des § 52 Abs. 5 HOAI 2013 aus dem Leistungsbild Tragwerksplanung sowie des § 56 Abs. 6 HOAI aus dem Leistungsbild Technische Ausrüstung entsprechend. Dadurch wurde ein Unterschreiten der Mindestsätze in besonderen Fällen ermöglicht, was nach der HOAI 2021 problemlos möglich ist.

- Entfallen ist auch die in § 6 Abs. 3 HOAI 2013 enthaltene Regelung über das Baukostenvereinbarungsmodell. Diese hatte sowieso keine Rolle gespielt, weil der BGH die Unvereinbarkeit mit der Ermächtigungsgrundlage und deshalb die Unwirksamkeit der Vorschrift festgestellt hatte (BGH NZBau 2014, 501).

V. Überblick und Einstieg in die HOAI

Für den nicht laufend mit der HOAI befassten Architekten oder Ingenieur wirkt diese auch in der Fassung 2021 aufgrund ihrer scheinbaren Unübersichtlichkeit, die noch durch den Verweis auf die Anlagen gesteigert wird, häufig furchterregend und abschreckend. Dabei unterliegt die HOAI einer klaren systematischen Gliederung, deren Kenntnis das Arbeiten wesentlich erleichtert. Sie ist in fünf Teile gegliedert. Beim Teil I (§§ 1–16) handelt es sich um den Allgemeinen Teil. Dieser gilt für alle Auftragnehmer und alle in der HOAI geregelten Leistungen der Flächen-, Objekt- und Fachplanung sowie für die Beratungs- und Besonderen Leistungen (§ 1 HOAI 2021). Sodann hat der Architekt oder Ingenieur nur noch denjenigen Teil herauszusuchen, der die Honorare der von ihm ausgeführten Leistungen regelt. Im Teil II sind die Leistungen der Flächenplanung mit der Bauleitplanung (§§ 17–21) sowie der Landschaftsplanung (§§ 22–32) aufgeführt. Teil III regelt die Objektplanung und somit die Architektenleistungen bei Gebäuden und Innenräumen (§§ 33–37) sowie Freianlagen (§§ 38–40). In den §§ 41 bis 44 ist das Honorar für Ingenieurbauwerke und in den §§ 45 bis 48 für Verkehrsanlagen geregelt. Teil IV betrifft die Honorare der Fachplanung, zunächst in den §§ 49 bis 52 die Honorare für die Tragwerksplanung sowie anschließend in den §§ 53 bis 56 die Honorare für die Technische Ausrüstung. In der Anlage 1 zu § 3 Abs. 1 sind weitere Fachplanungs- und Beratungsleistungen wie die Umweltverträglichkeitsstudie, die Bauphysik, die Geotechnik sowie die Ingenieurvermessung enthalten. In Teil V befinden sich Überleitungs- und Schlussvorschriften (§§ 57–58).

Der Architekt oder Ingenieur benötigt für die Ermittlung seines Honorars im Grunde selbst dann nur zwei Teile, wenn keine vom System der HOAI abweichende Honorarvereinbarung getroffen wurde. Zum einen den Teil I mit seinen allgemeinen Vorschriften und in einem zweiten Schritt denjenigen Teil, in dem das Honorar für die von ihm erbrachten Leistungen geregelt ist. Darüber hinaus benötigt er noch die in den Anlagen enthaltenen Honorartafeln sowie die Leistungsbilder. Damit werden die einschlägigen Vorschriften der HOAI auf wenige Paragraphen reduziert.

Für die Abrechnung nach dem System der HOAI sind vier Komponenten maßgeblich:

- die anrechenbaren Kosten
- die Honorarzone
- die Honorartafel
- der prozentuale Umfang der erbrachten Leistungen

Die HOAI lässt jedenfalls für ab dem 01.01.2021 geschlossene Verträge jede Art von Honorarvereinbarung zu, soweit diese die Textform einhält und nicht sittenwidrig ist (§ 138 BGB). Eine Begrenzung der Honorarhöhe durch Mindest- oder Höchstsätze findet nicht mehr statt.

VI. Die Honorartafeln

Die Honorartafeln legen nicht mehr den Mindest- und Höchstsatz für Grundleistungen fest. Vielmehr enthalten sie lediglich Honorarspannen als Orientierungswerte, welche für die Höhe des Honorars nicht verbindlich sind. Zwischenwerte sind im Falle einer Berechnung des Honorars auf der Grundlage der Honorartafeln linear zu interpolieren. Die Tabellen können nicht über die in den jeweiligen Honorartafeln angegebenen Höchstwerte (z. B. € 25 Mio. für die Objektplanung) oder unter die Mindestwerte (z. B. € 25.000,- für die Objektplanung, vgl. § 35 Abs. 1 HOAI) extrapoliert werden. Oberhalb der Tafelwerte kann das Honorar formfrei vereinbart werden. Wurde keine Honorarvereinbarung getroffen, gilt die übliche Vergütung nach § 632 Abs. 2 BGB (BGH BauR 2004, 1640). Vor allem bei Verträgen mit öffentlichen, häufig auch mit privaten Auftraggebern werden in diesen Fällen die Richtlinien der staatlichen Hochbauverwaltung (RifT) zur Honorarvereinbarung herangezogen. Sie gelten wie alle anderen Honorarvorschläge nicht »automatisch«, sondern nur im Falle einer ausdrücklichen Vereinbarung. Liegen die anrechenbaren Kosten unterhalb des Mindestbetrags der Tafelwerte (z. B. unter von € 25.000,- bei der Objektplanung), kann das Honorar frei vereinbart werden. Sonst gilt ebenfalls die übliche Vergütung nach § 632 Abs. 2 BGB. Dies bedeutet, dass die Honorarhöhe von einem Sachverständigen ermittelt werden muss, falls sich die Parteien nicht darüber einigen.

Gesetz zur Regelung von Ingenieur- und Architektenleistungen (ArchLG)

Gesetz zur Regelung von Ingenieur- und Architektenleistungen vom 4. November 1971 (BGBl. I S. 1745, 1749), das zuletzt durch Artikel 1 des Gesetzes vom 12. November 2020 (BGBl. I S. 2392) geändert worden ist.

§ 1 Ermächtigung zum Erlass einer Honorarordnung für Ingenieur- und Architektenleistungen

(1) Die Bundesregierung wird ermächtigt, durch Rechtsverordnung mit Zustimmung des Bundesrates eine Honorarordnung für Ingenieur- und Architektenleistungen zu erlassen und Folgendes zu regeln:

1. die Grundlagen und Maßstäbe zur Berechnung von Honoraren,
2. Honorartafeln zur Honorarorientierung für Grundleistungen, auch in Abgrenzung zu besonderen Leistungen,
3. eine Regelung, wonach bestimmte in den Honorartafeln angegebene Honorarsätze für Grundleistungen für den Fall als vereinbart gelten, dass keine wirksame Honorarvereinbarung getroffen wurde,
4. die bei der Honorarvereinbarung einzuhaltende Form und die zu beachtenden Hinweispflichten.

Bei der Bestimmung der Honorartafeln zur Honorarorientierung nach Satz 1 Nummer 2 ist zur Ermittlung angemessener Honorare den berechtigten Interessen der Ingenieure und Architekten und der zur Zahlung Verpflichteten Rechnung zu tragen. Diese sind an der Art und dem Umfang der Aufgabe sowie an der Leistung des Ingenieurs oder Architekten auszurichten.

(2) Grundleistungen im Sinne des Absatzes 1 Nummer 2 und 3 sind Leistungen, die regelmäßig im Rahmen von Flächen-, Objekt- oder Fachplanungen auszuführen sind. Sie umfassen insbesondere auch Leistungen der Beratung, Planung, Maßnahmendurchführung sowie Leistungen im Zusammenhang mit Vergabeverfahren.

§ 2 Unverbindlichkeit der Kopplung von Grundstückskaufverträgen mit Ingenieur- und Architektenverträgen

Eine Vereinbarung, durch die der Erwerber eines Grundstücks sich im Zusammenhang mit dem Erwerb verpflichtet, bei der Planung oder Ausführung eines Bauwerks auf dem Grundstück die Leistungen eines bestimmten Ingenieurs oder Architekten in Anspruch zu nehmen, ist unwirksam. Die Wirksamkeit des auf den Erwerb des Grundstücks gerichteten Vertrages bleibt unberührt.

Verordnung über die Honorare für Architekten- und Ingenieurleistungen (Honorarordnung für Architekten und Ingenieure – HOAI)

vom 10. Juli 2013 (BGBl. I S. 2276), geändert durch Artikel 1 der Verordnung vom 2. Dezember 2020 (BGBl. I S. 2636).

Auf Grund des § 1 Absatz 1 des Gesetzes zur Regelung von Ingenieur- und Architektenleistungen vom 4. November 1971 (BGBl. I S. 1745, 1749), der durch Artikel 1 Nummer 1 des Gesetzes vom 12. November 2020 (BGBl. I S. 2392) neugefasst worden ist, verordnet die Bundesregierung:

Teil 1 Allgemeine Vorschriften

§ 1 Anwendungsbereich

Diese Verordnung gilt für Honorare für Ingenieur- und Architektenleistungen, soweit diese Leistungen durch diese Verordnung erfasst sind. Die Regelungen dieser Verordnung können zum Zwecke der Honorarberechnung einer Honorarvereinbarung zugrunde gelegt werden.

§ 2 Begriffsbestimmungen

(1) Objekte sind Gebäude, Innenräume, Freianlagen, Ingenieurbauwerke, Verkehrsanlagen. Objekte sind auch Tragwerke und Anlagen der Technischen Ausrüstung.

(2) Neubauten und Neuanlagen sind Objekte, die neu errichtet oder neu hergestellt werden.

(3) Wiederaufbauten sind Objekte, bei denen die zerstörten Teile auf noch vorhandenen Bau- oder Anlagenteilen wiederhergestellt werden. Wiederaufbauten gelten als Neubauten, sofern eine neue Planung erforderlich ist.

(4) Erweiterungsbauten sind Ergänzungen eines vorhandenen Objekts.

(5) Umbauten sind Umgestaltungen eines vorhandenen Objekts mit wesentlichen Eingriffen in Konstruktion oder Bestand.

(6) Modernisierungen sind bauliche Maßnahmen zur nachhaltigen Erhöhung des Gebrauchswertes eines Objekts, soweit diese Maßnahmen nicht unter Absatz 4, 5 oder 8 fallen.

(7) Mitzuverarbeitende Bausubstanz ist der Teil des zu planenden Objekts, der bereits durch Bauleistungen hergestellt ist und durch Planungs- oder Überwachungsleistungen technisch oder gestalterisch mitverarbeitet wird.

(8) Instandsetzungen sind Maßnahmen zur Wiederherstellung des zum bestimmungsgemäßen Gebrauch geeigneten Zustandes (Soll-Zustandes) eines Objekts, soweit diese Maßnahmen nicht unter Absatz 3 fallen.

(9) Instandhaltungen sind Maßnahmen zur Erhaltung des Soll-Zustandes eines Objekts.

(10) Kostenschätzung ist die überschlägige Ermittlung der Kosten auf der Grundlage der Vorplanung. Die Kostenschätzung ist die vorläufige Grundlage für Finanzierungsüberlegungen. Der Kostenschätzung liegen zugrunde:
1. Vorplanungsergebnisse,
2. Mengenschätzungen,

3. erläuternde Angaben zu den planerischen Zusammenhängen, Vorgängen sowie Bedingungen und
4. Angaben zum Baugrundstück und zu dessen Erschließung.

Wird die Kostenschätzung nach § 4 Absatz 1 Satz 3 auf der Grundlage der DIN 276 in der Fassung vom Dezember 2008 (DIN 276-1:2008-12) erstellt, müssen die Gesamtkosten nach Kostengruppen mindestens bis zur ersten Ebene der Kostengliederung ermittelt werden.

(11) Kostenberechnung ist die Ermittlung der Kosten auf der Grundlage der Entwurfsplanung. Der Kostenberechnung liegen zugrunde:
1. durchgearbeitete Entwurfszeichnungen oder Detailzeichnungen wiederkehrender Raumgruppen,
2. Mengenberechnungen und
3. für die Berechnung und Beurteilung der Kosten relevante Erläuterungen.

Wird die Kostenberechnung nach § 4 Absatz 1 Satz 3 auf der Grundlage der DIN 276 erstellt, müssen die Gesamtkosten nach Kostengruppen mindestens bis zur zweiten Ebene der Kostengliederung ermittelt werden.

§ 2a Honorartafeln und Basishonorarsatz

(1) Die Honorartafeln dieser Verordnung weisen Orientierungswerte aus, die an der Art und dem Umfang der Aufgabe sowie an der Leistung ausgerichtet sind. Die Honorartafeln enthalten für jeden Leistungsbereich Honorarspannen vom Basishonorarsatz bis zum oberen Honorarsatz, gegliedert nach den einzelnen Honorarzonen und den zugrundeliegenden Ansätzen für Flächen, anrechenbare Kosten oder Verrechnungseinheiten.

(2) Basishonorarsatz ist der jeweils untere in den Honorartafeln dieser Verordnung enthaltene Honorarsatz.

§ 3 Leistungen und Leistungsbilder

(1) Grundleistungen sind Leistungen, die regelmäßig im Rahmen von Flächen-, Objekt- oder Fachplanungen auszuführen sind. Sie sind zur ordnungsgemäßen Erfüllung eines Auftrags im Allgemeinen erforderlich und in Leistungsbildern erfasst. Die Leistungsbilder gliedern sich in Leistungsphasen nach den Regelungen in den Teilen 2 bis 4 und der Anlage 1.

(2) Neben Grundleistungen können Besondere Leistungen vereinbart werden. Die Aufzählung der Besonderen Leistungen in dieser Verordnung und in den Leistungsbildern ihrer Anlagen ist nicht abschließend. Die Besonderen Leistungen können auch für Leistungsbilder und Leistungsphasen, denen sie nicht zugeordnet sind, vereinbart werden, soweit sie dort keine Grundleistungen darstellen.

(3) Die Wirtschaftlichkeit der Leistung ist stets zu beachten.

§ 4 Anrechenbare Kosten

(1) Anrechenbare Kosten sind Teil der Kosten für die Herstellung, den Umbau, die Modernisierung, Instandhaltung oder Instandsetzung von Objekten sowie für die damit zusammenhängenden Aufwendungen. Sie sind nach allgemein anerkannten Regeln der Technik oder nach Verwaltungsvorschriften (Kostenvorschriften) auf der Grundlage ortsüblicher Preise zu ermitteln. Wird in dieser Verordnung im Zusammenhang mit der Kostenermittlung die DIN 276 in Bezug genommen, so ist die Fassung vom Dezember 2008 (DIN 276-1:2008-12) bei der Ermittlung der anrechenbaren Kosten zugrunde zu legen. Umsatzsteuer, die auf die Kosten von Objekten entfällt, ist nicht Bestandteil der anrechenbaren Kosten.

(2) Die anrechenbaren Kosten richten sich nach den ortsüblichen Preisen, wenn der Auftraggeber
1. selbst Lieferungen oder Leistungen übernimmt,
2. von bauausführenden Unternehmen oder von Lieferanten sonst nicht übliche Vergünstigungen erhält,
3. Lieferungen oder Leistungen in Gegenrechnung ausführt oder
4. vorhandene oder vorbeschaffte Baustoffe oder Bauteile einbauen lässt.

(3) Der Umfang der mitzuverarbeitenden Bausubstanz im Sinne des § 2 Absatz 7 ist bei den anrechenbaren Kosten angemessen zu berücksichtigen. Umfang und Wert der mitzuverarbeitenden Bausubstanz sind zum Zeitpunkt der Kostenberechnung oder, sofern keine Kostenberechnung vorliegt, zum Zeitpunkt der Kostenschätzung objektbezogen zu ermitteln und in Textform zu vereinbaren.

§ 5 Honorarzonen

(1) Die Grundleistungen der Flächen-, Objekt- oder Fachplanungen werden zur Berechnung der Honorare nach den jeweiligen Planungsanforderungen Honorarzonen zugeordnet, die von der Honorarzone I aus ansteigend den Schwierigkeitsgrad der Planung einstufen.

(2) Die Honorarzonen sind anhand der Bewertungsmerkmale in den Honorarregelungen der jeweiligen Leistungsbilder der Teile 2 bis 4 und der Anlage 1 zu ermitteln. Die Zurechnung zu den einzelnen Honorarzonen ist nach Maßgabe der Bewertungsmerkmale und gegebenenfalls der Bewertungspunkte sowie unter Berücksichtigung der Regelbeispiele in den Objektlisten der Anlagen dieser Verordnung vorzunehmen.

§ 6 Grundlagen des Honorars

(1) Bei der Ermittlung des Honorars für Grundleistungen im Sinne des § 3 Absatz 1 sind zugrunde zu legen
1. das Leistungsbild,
2. die Honorarzone und
3. die dazugehörige Honorartafel zur Honorarorientierung.

Zusätzlich zu den Grundlagen nach Satz 1 ermittelt sich das Honorar
1. für die Leistungsbilder des Teils 2 und der Anlage 1 Nummer 1.1 nach der Größe der Fläche,
2. für die Leistungsbilder der Teile 3 und 4 und der Anlage 1 Nummer 1.2, 1.3 und 1.4.5 nach den anrechenbaren Kosten des Objekts auf der Grundlage der Kostenberechnung oder, sofern keine Kostenberechnung vorliegt, auf der Grundlage der Kostenschätzung,
3. für das Leistungsbild der Anlage 1 Nummer 1.4.2 nach Verrechnungseinheiten.

(2) Honorare für Grundleistungen bei Umbauten und Modernisierungen gemäß § 2 Absatz 5 und 6 sind zu ermitteln nach
1. den anrechenbaren Kosten,
2. der Honorarzone, welcher der Umbau oder die Modernisierung in sinngemäßer Anwendung der Bewertungsmerkmale zuzuordnen ist,
3. den Leistungsphasen,
4. der Honorartafel zur Honorarorientierung und
5. dem Umbau- oder Modernisierungszuschlag auf das Honorar.

Der Umbau- oder Modernisierungszuschlag ist unter Berücksichtigung des Schwierigkeitsgrads der Leistungen in Textform zu vereinbaren. Die Höhe des Zuschlags auf das Honorar ist in den jeweiligen Honorarregelungen der Leistungsbilder der Teile 3 und 4 und in Anlage 1 Nummer 1.2 geregelt. Sofern keine Vereinbarung in Textform getroffen wurde, gilt ein Zuschlag von 20 Prozent ab einem durchschnittlichen Schwierigkeitsgrad als vereinbart.

§ 7 Honorarvereinbarung

(1) Das Honorar richtet sich nach der Vereinbarung, die die Vertragsparteien in Textform treffen. Sofern keine Vereinbarung über die Höhe des Honorars in Textform getroffen wurde, gilt für Grundleistungen der jeweilige Basishonorarsatz als vereinbart, der sich bei der Anwendung der Honorargrundlagen des § 6 ergibt.

(2) Der Auftragnehmer hat den Auftraggeber, sofern dieser Verbraucher ist, vor Abgabe von dessen verbindlicher Vertragserklärung zur Honorarvereinbarung in Textform darauf hinzuweisen, dass ein höheres oder niedrigeres Honorar

als die in den Honorartafeln dieser Verordnung enthaltenen Werte vereinbart werden kann. Erfolgt der Hinweis nach Satz 1 nicht oder nicht rechtzeitig, gilt für die zwischen den Vertragsparteien vereinbarten Grundleistungen anstelle eines höheren Honorars ein Honorar in Höhe des jeweiligen Basishonorarsatzes als vereinbart.

§ 8 Berechnung des Honorars in besonderen Fällen

(1) Werden dem Auftragnehmer nicht alle Leistungsphasen eines Leistungsbildes übertragen, so dürfen nur die für die übertragenen Phasen vorgesehenen Prozentsätze berechnet und vereinbart werden. Die Vereinbarung hat in Textform zu erfolgen.

(2) Werden dem Auftragnehmer nicht alle Grundleistungen einer Leistungsphase übertragen, so darf für die übertragenen Grundleistungen nur ein Honorar berechnet und vereinbart werden, das dem Anteil der übertragenen Grundleistungen an der gesamten Leistungsphase entspricht. Die Vereinbarung hat in Textform zu erfolgen. Entsprechend ist zu verfahren, wenn dem Auftragnehmer wesentliche Teile von Grundleistungen nicht übertragen werden.

(3) Die gesonderte Vergütung eines zusätzlichen Koordinierungs- oder Einarbeitungsaufwands ist in Textform zu vereinbaren.

§ 9 Berechnung des Honorars bei Beauftragung von Einzelleistungen

(1) Wird die Vorplanung oder Entwurfsplanung bei Gebäuden und Innenräumen, Freianlagen, Ingenieurbauwerken, Verkehrsanlagen, der Tragwerksplanung und der Technischen Ausrüstung als Einzelleistung in Auftrag gegeben, können für die Leistungsbewertung der jeweiligen Leistungsphase
1. für die Vorplanung höchstens der Prozentsatz der Vorplanung und der Prozentsatz der Grundlagenermittlung und
2. für die Entwurfsplanung höchstens der Prozentsatz der Entwurfsplanung und der Prozentsatz der Vorplanung

zum Zweck der Honorarberechnung herangezogen werden. Die Vereinbarung hat in Textform zu erfolgen.

(2) Zur Bauleitplanung ist Absatz 1 Satz 1 Nummer 2 für den Entwurf der öffentlichen Auslegung entsprechend anzuwenden. Bei der Landschaftsplanung ist Absatz 1 Satz 1 Nummer 1 für die vorläufige Fassung sowie Absatz 1 Satz 1 Nummer 2 für die abgestimmte Fassung entsprechend anzuwenden. Die Vereinbarung hat in Textform zu erfolgen.

(3) Wird die Objektüberwachung bei der Technischen Ausrüstung oder bei Gebäuden als Einzelleistung in Auftrag gegeben, können für die Leistungsbe-

wertung der Objektüberwachung zum Zweck der Honorarberechnung höchstens der Prozentsatz der Objektüberwachung und die Prozentsätze der Grundlagenermittlung und Vorplanung herangezogen werden. Die Vereinbarung hat in Textform zu erfolgen.

§ 10 Berechnung des Honorars bei vertraglichen Änderungen des Leistungsumfangs

(1) Einigen sich Auftraggeber und Auftragnehmer während der Laufzeit des Vertrags darauf, dass der Umfang der beauftragten Leistung geändert wird, und ändern sich dadurch die anrechenbaren Kosten, Flächen oder Verrechnungseinheiten, so ist die Honorarberechnungsgrundlage für die Grundleistungen, die infolge des veränderten Leistungsumfangs zu erbringen sind, durch Vereinbarung in Textform anzupassen.

(2) Einigen sich Auftraggeber und Auftragnehmer über die Wiederholung von Grundleistungen, ohne dass sich dadurch die anrechenbaren Kosten, Flächen oder Verrechnungseinheiten ändern, ist das Honorar für diese Grundleistungen entsprechend ihrem Anteil an der jeweiligen Leistungsphase in Textform zu vereinbaren.

§ 11 Auftrag für mehrere Objekte

(1) Umfasst ein Auftrag mehrere Objekte, so sind die Honorare vorbehaltlich der folgenden Absätze für jedes Objekt getrennt zu berechnen.

(2) Umfasst ein Auftrag mehrere vergleichbare Gebäude, Ingenieurbauwerke, Verkehrsanlagen oder Tragwerke mit weitgehend gleichartigen Planungsbedingungen, die derselben Honorarzone zuzuordnen sind und die im zeitlichen und örtlichen Zusammenhang als Teil einer Gesamtmaßnahme geplant und errichtet werden sollen, ist das Honorar nach der Summe der anrechenbaren Kosten zu berechnen.

(3) Umfasst ein Auftrag mehrere im Wesentlichen gleiche Gebäude, Ingenieurbauwerke, Verkehrsanlagen oder Tragwerke, die im zeitlichen oder örtlichen Zusammenhang unter gleichen baulichen Verhältnissen geplant und errichtet werden sollen, oder mehrere Objekte nach Typenplanung oder Serienbauten, so sind die Prozentsätze der Leistungsphasen 1 bis 6 für die erste bis vierte Wiederholung um 50 Prozent, für die fünfte bis siebte Wiederholung um 60 Prozent und ab der achten Wiederholung um 90 Prozent zu mindern.

(4) Umfasst ein Auftrag Grundleistungen, die bereits Gegenstand eines anderen Auftrags über ein gleiches Gebäude, Ingenieurbauwerk oder Tragwerk zwischen den Vertragsparteien waren, so ist Absatz 3 für die Prozentsätze der beauftragten Leistungsphasen in Bezug auf den neuen Auftrag auch dann anzuwenden, wenn die Grundleistungen nicht im zeitlichen oder örtlichen Zusammenhang erbracht werden sollen.

§ 12 Instandsetzungen und Instandhaltungen

(1) Honorare für Grundleistungen bei Instandsetzungen und Instandhaltungen von Objekten sind nach den anrechenbaren Kosten, der Honorarzone, den Leistungsphasen und der Honorartafel zur Honorarorientierung, der die Instandhaltungs- oder Instandsetzungsmaßnahme zuzuordnen ist, zu ermitteln.

(2) Für Grundleistungen bei Instandsetzungen und Instandhaltungen von Objekten kann in Textform vereinbart werden, dass der Prozentsatz für die Objektüberwachung oder Bauoberleitung um bis zu 50 Prozent der Bewertung dieser Leistungsphase erhöht wird.

§ 13 Interpolation

Zwischenstufen der in den Honorartafeln angegebenen anrechenbaren Kosten und Flächen oder Verrechnungseinheiten sind durch lineare Interpolation zu ermitteln.

§ 14 Nebenkosten

(1) Der Auftragnehmer kann neben den Honoraren dieser Verordnung auch die für die Ausführung des Auftrags erforderlichen Nebenkosten in Rechnung stellen; ausgenommen sind die abziehbaren Vorsteuern gemäß § 15 Absatz 1 des Umsatzsteuergesetzes in der jeweils geltenden Fassung. Die Vertragsparteien können in Textform vereinbaren, dass abweichend von Satz 1 eine Erstattung ganz oder teilweise ausgeschlossen ist.

(2) Zu den Nebenkosten gehören insbesondere:
1. Versandkosten, Kosten für Datenübertragungen,
2. Kosten für Vervielfältigungen von Zeichnungen und schriftlichen Unterlagen sowie für die Anfertigung von Filmen und Fotos,
3. Kosten für ein Baustellenbüro einschließlich der Einrichtung, Beleuchtung und Beheizung,
4. Fahrtkosten für Reisen, die über einen Umkreis von 15 Kilometern um den Geschäftssitz des Auftragnehmers hinausgehen, in Höhe der steuerlich zulässigen Pauschalsätze, sofern nicht höhere Aufwendungen nachgewiesen werden,
5. Trennungsentschädigungen und Kosten für Familienheimfahrten in Höhe der steuerlich zulässigen Pauschalsätze, sofern nicht höhere Aufwendungen an Mitarbeiter oder Mitarbeiterinnen des Auftragnehmers auf Grund von tariflichen Vereinbarungen bezahlt werden,
6. Entschädigungen für den sonstigen Aufwand bei längeren Reisen nach Nummer 4, sofern die Entschädigungen vor der Geschäftsreise in Textform vereinbart worden sind,

7. Entgelte für nicht dem Auftragnehmer obliegende Leistungen, die von ihm im Einvernehmen mit dem Auftraggeber Dritten übertragen worden sind.

(3) Nebenkosten können pauschal oder nach Einzelnachweis abgerechnet werden. Sie sind nach Einzelnachweis abzurechnen, sofern keine pauschale Abrechnung in Textform vereinbart worden ist.

§ 15 Fälligkeit des Honorars, Abschlagszahlungen

Für die Fälligkeit der Honorare für die von dieser Verordnung erfassten Leistungen gilt § 650g Absatz 4 des Bürgerlichen Gesetzbuchs entsprechend. Für das Recht, Abschlagszahlungen zu verlangen, gilt § 632a des Bürgerlichen Gesetzbuchs entsprechend.

§ 16 Umsatzsteuer

(1) Der Auftragnehmer hat Anspruch auf Ersatz der gesetzlich geschuldeten Umsatzsteuer für nach dieser Verordnung abrechenbare Leistungen, sofern nicht die Kleinunternehmerregelung nach § 19 des Umsatzsteuergesetzes angewendet wird. Satz 1 ist auch hinsichtlich der um die nach § 15 des Umsatzsteuergesetzes abziehbaren Vorsteuer gekürzten Nebenkosten anzuwenden, die nach § 14 dieser Verordnung weiterberechenbar sind.

(2) Auslagen gehören nicht zum Entgelt für die Leistung des Auftragnehmers. Sie sind als durchlaufende Posten im umsatzsteuerrechtlichen Sinn einschließlich einer gegebenenfalls enthaltenen Umsatzsteuer weiter zu berechnen.

Teil 2 Flächenplanung

Abschnitt 1 Bauleitplanung

§ 17 Anwendungsbereich

(1) Leistungen der Bauleitplanung umfassen die Vorbereitung der Aufstellung von Flächennutzungs- und Bebauungsplänen im Sinne des § 1 Absatz 2 des Baugesetzbuches in der jeweils geltenden Fassung, die erforderlichen Ausarbeitungen und Planfassungen sowie die Mitwirkung beim Verfahren.

(2) Leistungen beim Städtebaulichen Entwurf sind Besondere Leistungen.

§ 18 Leistungsbild Flächennutzungsplan

(1) Die Grundleistungen bei Flächennutzungsplänen sind in drei Leistungsphasen unterteilt und werden wie folgt in Prozentsätzen der Honorare des § 20 bewertet:

1. für die Leistungsphase 1 (Vorentwurf für die frühzeitigen Beteiligungen) Vorentwurf für die frühzeitigen Beteiligungen nach den Bestimmungen des Baugesetzbuches mit 60 Prozent,
2. für die Leistungsphase 2 (Entwurf zur öffentlichen Auslegung) Entwurf für die öffentliche Auslegung nach den Bestimmungen des Baugesetzbuches mit 30 Prozent,
3. für die Leistungsphase 3 (Plan zur Beschlussfassung) Plan für den Beschluss durch die Gemeinde mit 10 Prozent.

Der Vorentwurf, Entwurf oder Plan ist jeweils in der vorgeschriebenen Fassung mit Begründung anzufertigen.

(2) Anlage 2 regelt, welche Grundleistungen jede Leistungsphase umfasst. Anlage 9 enthält Beispiele für Besondere Leistungen.

§ 19 Leistungsbild Bebauungsplan

(1) Die Grundleistungen bei Bebauungsplänen sind in drei Leistungsphasen unterteilt und werden wie folgt in Prozentsätzen der Honorare des § 21 bewertet:

1. für die Leistungsphase 1 (Vorentwurf für die frühzeitigen Beteiligungen) Vorentwurf für die frühzeitigen Beteiligungen nach den Bestimmungen des Baugesetzbuches mit 60 Prozent,
2. für die Leistungsphase 2 (Entwurf zur öffentlichen Auslegung) Entwurf für die öffentliche Auslegung nach den Bestimmungen des Baugesetzbuches mit 30 Prozent,

3. für die Leistungsphase 3 (Plan zur Beschlussfassung)
   Plan für den Beschluss durch die Gemeinde mit 10 Prozent.

Der Vorentwurf, Entwurf oder Plan ist jeweils in der vorgeschriebenen Fassung mit Begründung anzufertigen.

(2) Anlage 3 regelt, welche Grundleistungen jede Leistungsphase umfasst. Anlage 9 enthält Beispiele für Besondere Leistungen.

§ 20 Honorare für Grundleistungen bei Flächennutzungsplänen

(1) Für die in § 18 und Anlage 2 genannten Grundleistungen bei Flächennutzungsplänen sind die in der nachstehenden Honorartafel aufgeführten Honorarspannen Orientierungswerte:

Fläche in Hektar	Honorarzone I geringe Anforderungen		Honorarzone II durchschnittliche Anforderungen		Honorarzone III hohe Anforderungen	
	von	bis	von	bis	von	bis
	Euro		Euro		Euro	
1.000	70.439	85.269	85.269	100.098	100.098	114.927
1.250	78.957	95.579	95.579	112.202	112.202	128.824
1.500	86.492	104.700	104.700	122.909	122.909	141.118
1.750	93.260	112.894	112.894	132.527	132.527	152.161
2.000	99.407	120.334	120.334	141.262	141.262	162.190
2.500	111.311	134.745	134.745	158.178	158.178	181.612
3.000	121.868	147.525	147.525	173.181	173.181	198.838
3.500	131.387	159.047	159.047	186.707	186.707	214.367
4.000	140.069	169.557	169.557	199.045	199.045	228.533
5.000	155.461	188.190	188.190	220.918	220.918	253.647
6.000	168.813	204.352	204.352	239.892	239.892	275.431
7.000	180.589	218.607	218.607	256.626	256.626	294.645
8.000	191.097	231.328	231.328	271.559	271.559	311.790
9.000	200.556	242.779	242.779	285.001	285.001	327.224
10.000	209.126	253.153	253.153	297.179	297.179	341.206
11.000	216.893	262.555	262.555	308.217	308.217	353.878
12.000	223.912	271.052	271.052	318.191	318.191	365.331
13.000	230.331	278.822	278.822	327.313	327.313	375.804
14.000	236.214	285.944	285.944	335.673	335.673	385.402
15.000	241.614	292.480	292.480	343.346	343.346	394.213

(2) Das Honorar für die Aufstellung von Flächennutzungsplänen ist nach der Fläche des Plangebiets in Hektar und nach der Honorarzone zu berechnen.

(3) Welchen Honorarzonen die Grundleistungen zugeordnet werden, richtet sich nach folgenden Bewertungsmerkmalen:
1. zentralörtliche Bedeutung und Gemeindestruktur,
2. Nutzungsvielfalt und Nutzungsdichte,
3. Einwohnerstruktur, Einwohnerentwicklung und Gemeinbedarfsstandorte,
4. Verkehr und Infrastruktur,
5. Topografie, Geologie und Kulturlandschaft,
6. Klima-, Natur- und Umweltschutz.

(4) Sind auf einen Flächennutzungsplan Bewertungsmerkmale aus mehreren Honorarzonen anwendbar und bestehen deswegen Zweifel, welcher Honorarzone der Flächennutzungsplan zugeordnet werden kann, so ist zunächst die Anzahl der Bewertungspunkte zu ermitteln. Zur Ermittlung der Bewertungspunkte werden die Bewertungsmerkmale wie folgt gewichtet:
1. geringe Anforderungen: 1 Punkt,
2. durchschnittliche Anforderungen: 2 Punkte,
3. hohe Anforderungen: 3 Punkte.

(5) Der Flächennutzungsplan ist anhand der nach Absatz 4 ermittelten Bewertungspunkte einer der Honorarzonen zuzuordnen:
1. Honorarzone I: bis zu 9 Punkte,
2. Honorarzone II: 10 bis 14 Punkte,
3. Honorarzone III: 15 bis 18 Punkte.

(6) Werden Teilflächen bereits aufgestellter Flächennutzungspläne (Planausschnitte) geändert oder überarbeitet, kann das Honorar auch abweichend von den Grundsätzen des Absatzes 2 vereinbart werden.

§ 21 Honorare für Grundleistungen bei Bebauungsplänen

(1) Für die in § 19 und Anlage 3 genannten Grundleistungen bei Bebauungsplänen sind die in der nachstehenden Honorartafel aufgeführten Honorarspannen Orientierungswerte:

Fläche in Hektar	Honorarzone I geringe Anforderungen		Honorarzone II durchschnittliche Anforderungen		Honorarzone III hohe Anforderungen	
	von	bis	von	bis	von	bis
	Euro		Euro		Euro	
0,5	5.000	5.335	5.335	7.838	7.838	10.341
1	5.000	8.799	8.799	12.926	12.926	17.054
2	7.699	14.502	14.502	21.305	21.305	28.109
3	10.306	19.413	19.413	28.521	28.521	37.628
4	12.669	23.866	23.866	35.062	35.062	46.258

Fläche in Hektar	Honorarzone I geringe Anforderungen		Honorarzone II durchschnittliche Anforderungen		Honorarzone III hohe Anforderungen	
	von	bis	von	bis	von	bis
	Euro		Euro		Euro	
5	14.864	28.000	28.000	41.135	41.135	54.271
6	16.931	31.893	31.893	46.856	46.856	61.818
7	18.896	35.595	35.595	52.294	52.294	68.992
8	20.776	39.137	39.137	57.497	57.497	75.857
9	22.584	42.542	42.542	62.501	62.501	82.459
10	24.330	45.830	45.830	67.331	67.331	88.831
15	32.325	60.892	60.892	89.458	89.458	118.025
20	39.427	74.270	74.270	109.113	109.113	143.956
25	46.385	87.376	87.376	128.366	128.366	169.357
30	52.975	99.791	99.791	146.606	146.606	193.422
40	65.342	123.086	123.086	180.830	180.830	238.574
50	76.901	144.860	144.860	212.819	212.819	280.778
60	87.599	165.012	165.012	242.425	242.425	319.838
80	107.471	202.445	202.445	297.419	297.419	392.393
100	125.791	236.955	236.955	348.119	348.119	459.282

(2) Das Honorar für die Aufstellung von Bebauungsplänen ist nach der Fläche des Plangebiets in Hektar und nach der Honorarzone zu berechnen.

(3) Welchen Honorarzonen die Grundleistungen zugeordnet werden, richtet sich nach folgenden Bewertungsmerkmalen:
1. Nutzungsvielfalt und Nutzungsdichte,
2. Baustruktur und Baudichte,
3. Gestaltung und Denkmalschutz,
4. Verkehr und Infrastruktur,
5. Topografie und Landschaft,
6. Klima-, Natur- und Umweltschutz.

(4) Für die Ermittlung der Honorarzone bei Bebauungsplänen ist § 20 Absatz 4 und 5 entsprechend anzuwenden.

(5) Wird die Größe des Plangebiets im förmlichen Verfahren während der Leistungserbringung geändert, so ist das Honorar für die Leistungsphasen, die bis zur Änderung noch nicht erbracht sind, nach der geänderten Größe des Plangebiets zu berechnen.

Abschnitt 2 Landschaftsplanung

§ 22 Anwendungsbereich

(1) Landschaftsplanerische Leistungen umfassen das Vorbereiten und das Erstellen der für die Pläne nach Absatz 2 erforderlichen Ausarbeitungen.

(2) Die Bestimmungen dieses Abschnitts sind für folgende Pläne anzuwenden:
1. Landschaftspläne,
2. Grünordnungspläne und Landschaftsplanerische Fachbeiträge,
3. Landschaftsrahmenpläne,
4. Landschaftspflegerische Begleitpläne,
5. Pflege- und Entwicklungspläne.

§ 23 Leistungsbild Landschaftsplan

(1) Die Grundleistungen bei Landschaftsplänen sind in vier Leistungsphasen unterteilt und werden wie folgt in Prozentsätzen der Honorare des § 28 bewertet:
1. für die Leistungsphase 1 (Klären der Aufgabenstellung und Ermitteln des Leistungsumfangs) mit 3 Prozent,
2. für die Leistungsphase 2 (Ermitteln der Planungsgrundlagen) mit 37 Prozent,
3. für die Leistungsphase 3 (Vorläufige Fassung) mit 50 Prozent,
4. für die Leistungsphase 4 (Abgestimmte Fassung) mit 10 Prozent.

(2) Anlage 4 regelt die Grundleistungen jeder Leistungsphase. Anlage 9 enthält Beispiele für Besondere Leistungen.

§ 24 Leistungsbild Grünordnungsplan

(1) Die Grundleistungen bei Grünordnungsplänen und Landschaftsplanerischen Fachbeiträgen sind in vier Leistungsphasen zusammengefasst und werden wie folgt in Prozentsätzen der Honorare des § 29 bewertet:
1. für die Leistungsphase 1 (Klären der Aufgabenstellung und Ermitteln des Leistungsumfangs) mit 3 Prozent,
2. für die Leistungsphase 2 (Ermitteln der Planungsgrundlagen) mit 37 Prozent,
3. für die Leistungsphase 3 (Vorläufige Fassung) mit 50 Prozent,
4. für die Leistungsphase 4 (Abgestimmte Fassung) mit 10 Prozent.

(2) Anlage 5 regelt die Grundleistungen jeder Leistungsphase. Anlage 9 enthält Beispiele für Besondere Leistungen.

§ 25 Leistungsbild Landschaftsrahmenplan

(1) Die Grundleistungen bei Landschaftsrahmenplänen sind in vier Leistungsphasen unterteilt und werden wie folgt in Prozentsätzen der Honorare des § 30 bewertet:

1. für die Leistungsphase 1 (Klären der Aufgabenstellung und Ermitteln des Leistungsumfangs) mit 3 Prozent,
2. für die Leistungsphase 2 (Ermitteln der Planungsgrundlagen) mit 37 Prozent,
3. für die Leistungsphase 3 (Vorläufige Fassung) mit 50 Prozent,
4. für die Leistungsphase 4 (Abgestimmte Fassung) mit 10 Prozent.

(2) Anlage 6 regelt die Grundleistungen jeder Leistungsphase. Anlage 9 enthält Beispiele für Besondere Leistungen.

§ 26 Leistungsbild Landschaftspflegerischer Begleitplan

(1) Die Grundleistungen bei Landschaftspflegerischen Begleitplänen sind in vier Leistungsphasen unterteilt und werden wie folgt in Prozentsätzen der Honorare des § 31 bewertet:
1. für die Leistungsphase 1 (Klären der Aufgabenstellung und Ermitteln des Leistungsumfangs) mit 3 Prozent,
2. für die Leistungsphase 2 (Ermitteln und Bewerten der Planungsgrundlagen) mit 37 Prozent,
3. für die Leistungsphase 3 (Vorläufige Fassung) mit 50 Prozent,
4. für die Leistungsphase 4 (Abgestimmte Fassung) mit 10 Prozent.

(2) Anlage 7 regelt die Grundleistungen jeder Leistungsphase. Anlage 9 enthält Beispiele für Besondere Leistungen.

§ 27 Leistungsbild Pflege- und Entwicklungsplan

(1) Die Grundleistungen bei Pflege- und Entwicklungsplänen sind in vier Leistungsphasen zusammengefasst und werden wie folgt in Prozentsätzen der Honorare des § 32 bewertet:
1. für die Leistungsphase 1 (Zusammenstellen der Ausgangsbedingungen) mit 3 Prozent,
2. für die Leistungsphase 2 (Ermitteln der Planungsgrundlagen) mit 37 Prozent,
3. für die Leistungsphase 3 (Vorläufige Fassung) mit 50 Prozent und
4. für die Leistungsphase 4 (Abgestimmte Fassung) mit 10 Prozent.

(2) Anlage 8 regelt die Grundleistungen jeder Leistungsphase. Anlage 9 enthält Beispiele für Besondere Leistungen.

§ 28 Honorare für Grundleistungen bei Landschaftsplänen

(1) Für die in § 23 und Anlage 4 genannten Grundleistungen bei Landschaftsplänen sind die in der nachstehenden Honorartafel aufgeführten Honorarspannen Orientierungswerte:

Fläche in Hektar	Honorarzone I geringe Anforderungen		Honorarzone II durchschnittliche Anforderungen		Honorarzone III hohe Anforderungen	
	von	bis	von	bis	von	bis
	Euro		Euro		Euro	
1.000	23.403	27.963	27.963	32.826	32.826	37.385
1.250	26.560	31.735	31.735	37.254	37.254	42.428
1.500	29.445	35.182	35.182	41.300	41.300	47.036
1.750	32.119	38.375	38.375	45.049	45.049	51.306
2.000	34.620	41.364	41.364	48.558	48.558	55.302
2.500	39.212	46.851	46.851	54.999	54.999	62.638
3.000	43.374	51.824	51.824	60.837	60.837	69.286
3.500	47.199	56.393	56.393	66.201	66.201	75.396
4.000	50.747	60.633	60.633	71.178	71.178	81.064
5.000	57.180	68.319	68.319	80.200	80.200	91.339
6.000	63.562	75.944	75.944	89.151	89.151	101.533
7.000	69.505	83.045	83.045	97.487	97.487	111.027
8.000	75.095	89.724	89.724	105.329	105.329	119.958
9.000	80.394	96.055	96.055	112.761	112.761	128.422
10.000	85.445	102.090	102.090	119.845	119.845	136.490
11.000	89.986	107.516	107.516	126.214	126.214	143.744
12.000	94.309	112.681	112.681	132.278	132.278	150.650
13.000	98.438	117.615	117.615	138.069	138.069	157.246
14.000	102.392	122.339	122.339	143.615	143.615	163.562
15.000	106.187	126.873	126.873	148.938	148.938	169.623

(2) Das Honorar für die Aufstellung von Landschaftsplänen ist nach der Fläche des Planungsgebiets in Hektar und nach der Honorarzone zu berechnen.

(3) Welchen Honorarzonen die Grundleistungen zugeordnet werden, richtet sich nach folgenden Bewertungsmerkmalen:
1. topographische Verhältnisse,
2. Flächennutzung,
3. Landschaftsbild,
4. Anforderungen an Umweltsicherung und Umweltschutz,
5. ökologische Verhältnisse,
6. Bevölkerungsdichte.

(4) Sind auf einen Landschaftsplan Bewertungsmerkmale aus mehreren Honorarzonen anwendbar und bestehen deswegen Zweifel, welcher Honorarzone der Landschaftsplan zugeordnet werden kann, so ist zunächst die Anzahl der

Bewertungspunkte zu ermitteln. Zur Ermittlung der Bewertungspunkte werden die Bewertungsmerkmale wie folgt gewichtet:

1. die Bewertungsmerkmale gemäß Absatz 3 Nummer 1, 2, 3 und 6 mit je bis zu 6 Punkten und
2. die Bewertungsmerkmale gemäß Absatz 3 Nummer 4 und 5 und mit je bis zu 9 Punkten.

(5) Der Landschaftsplan ist anhand der nach Absatz 4 ermittelten Bewertungspunkte einer der Honorarzonen zuzuordnen:

1. Honorarzone I: bis zu 16 Punkte,
2. Honorarzone II: 17 bis 30 Punkte,
3. Honorarzone III: 31 bis 42 Punkte.

(6) Werden Teilflächen bereits aufgestellter Landschaftspläne (Planausschnitte) geändert oder überarbeitet, kann das Honorar abweichend von den Grundsätzen des Absatzes 2 vereinbart werden.

§ 29 Honorare für Grundleistungen bei Grünordnungsplänen

(1) Für die in § 24 und Anlage 5 genannten Grundleistungen bei Grünordnungsplänen und Landschaftsplanerischen Fachbeiträgen sind die in der nachstehenden Honorartafel aufgeführten Honorarspannen Orientierungswerte:

Fläche in Hektar	Honorarzone I geringe Anforderungen		Honorarzone II durchschnittliche Anforderungen		Honorarzone III hohe Anforderungen	
	von	bis	von	bis	von	bis
	Euro		Euro		Euro	
1,5	5.219	6.067	6.067	6.980	6.980	7.828
2	6.008	6.985	6.985	8.036	8.036	9.013
3	7.450	8.661	8.661	9.965	9.965	11.175
4	8.770	10.195	10.195	11.730	11.730	13.155
5	10.006	11.632	11.632	13.383	13.383	15.009
10	15.445	17.955	17.955	20.658	20.658	23.167
15	20.183	23.462	23.462	26.994	26.994	30.274
20	24.513	28.496	28.496	32.785	32.785	36.769
25	28.560	33.201	33.201	38.199	38.199	42.840
30	32.394	37.658	37.658	43.326	43.326	48.590
40	39.580	46.011	46.011	52.938	52.938	59.370
50	46.282	53.803	53.803	61.902	61.902	69.423
75	61.579	71.586	71.586	82.362	82.362	92.369
100	75.430	87.687	87.687	100.887	100.887	113.145
125	88.255	102.597	102.597	118.042	118.042	132.383

Fläche in Hektar	Honorarzone I geringe Anforderungen		Honorarzone II durchschnittliche Anforderungen		Honorarzone III hohe Anforderungen	
	von	bis	von	bis	von	bis
	Euro		Euro		Euro	
150	100.288	116.585	116.585	134.136	134.136	150.433
175	111.675	129.822	129.822	149.366	149.366	167.513
200	122.516	142.425	142.425	163.866	163.866	183.774
225	133.555	155.258	155.258	178.630	178.630	200.333
250	144.284	167.730	167.730	192.980	192.980	216.426

(2) Das Honorar für Grundleistungen bei Grünordnungsplänen ist nach der Fläche des Planungsgebiets in Hektar und nach der Honorarzone zu berechnen.

(3) Welchen Honorarzonen die Grundleistungen zugeordnet werden, richtet sich nach folgenden Bewertungsmerkmalen:
1. Topographie,
2. ökologische Verhältnisse,
3. Flächennutzungen und Schutzgebiete,
4. Umwelt-, Klima-, Denkmal- und Naturschutz,
5. Erholungsvorsorge,
6. Anforderung an die Freiraumgestaltung.

(4) Sind auf einen Grünordnungsplan Bewertungsmerkmale aus mehreren Honorarzonen anwendbar und bestehen deswegen Zweifel, welcher Honorarzone der Grünordnungsplan zugeordnet werden kann, so ist zunächst die Anzahl der Bewertungspunkte zu ermitteln. Zur Ermittlung der Bewertungspunkte werden die Bewertungsmerkmale wie folgt gewichtet:
1. die Bewertungsmerkmale gemäß Absatz 3 Nummer 1, 2, 3 und 5 mit je bis zu 6 Punkten und
2. die Bewertungsmerkmale gemäß Absatz 3 Nummer 4 und 6 mit je bis zu 9 Punkten.

(5) Der Grünordnungsplan ist anhand der nach Absatz 4 ermittelten Bewertungspunkte einer der Honorarzonen zuzuordnen:
1. Honorarzone I: bis zu 16 Punkte,
2. Honorarzone II: 17 bis 30 Punkte,
3. Honorarzone III: 31 bis 42 Punkte.

(6) Wird die Größe des Planungsgebiets während der Leistungserbringung geändert, so ist das Honorar für die Leistungsphasen, die bis zur Änderung noch nicht erbracht sind, nach der geänderten Größe des Planungsgebiets zu berechnen.

§ 30 Honorare für Grundleistungen bei Landschaftsrahmenplänen

(1) Für die in § 25 und Anlage 6 genannten Grundleistungen bei Landschaftsrahmenplänen sind die in der nachstehenden Honorartafel aufgeführten Honorarspannen Orientierungswerte:

Fläche in Hektar	Honorarzone I geringe Anforderungen		Honorarzone II durchschnittliche Anforderungen		Honorarzone III hohe Anforderungen	
	von	bis	von	bis	von	bis
	Euro		Euro		Euro	
5.000	61.880	71.935	71.935	82.764	82.764	92.820
6.000	67.933	78.973	78.973	90.861	90.861	101.900
7.000	73.473	85.413	85.413	98.270	98.270	110.210
8.000	78.600	91.373	91.373	105.128	105.128	117.901
9.000	83.385	96.936	96.936	111.528	111.528	125.078
10.000	87.880	102.161	102.161	117.540	117.540	131.820
12.000	96.149	111.773	111.773	128.599	128.599	144.223
14.000	103.631	120.471	120.471	138.607	138.607	155.447
16.000	110.477	128.430	128.430	147.763	147.763	165.716
18.000	116.791	135.769	135.769	156.208	156.208	175.186
20.000	122.649	142.580	142.580	164.043	164.043	183.974
25.000	138.047	160.480	160.480	184.638	184.638	207.070
30.000	152.052	176.761	176.761	203.370	203.370	228.078
40.000	177.097	205.875	205.875	236.867	236.867	265.645
50.000	199.330	231.721	231.721	266.604	266.604	298.995
60.000	219.553	255.230	255.230	293.652	293.652	329.329
70.000	238.243	276.958	276.958	318.650	318.650	357.365
80.000	253.946	295.212	295.212	339.652	339.652	380.918
90.000	268.420	312.038	312.038	359.011	359.011	402.630
100.000	281.843	327.643	327.643	376.965	376.965	422.765

(2) Das Honorar für Grundleistungen bei Landschaftsrahmenplänen ist nach der Fläche des Planungsgebiets in Hektar und nach der Honorarzone zu berechnen.

(3) Welchen Honorarzonen die Grundleistungen zugeordnet werden, richtet sich nach folgenden Bewertungsmerkmalen:

1. topographische Verhältnisse,
2. Raumnutzung und Bevölkerungsdichte,
3. Landschaftsbild,
4. Anforderungen an Umweltsicherung, Klima- und Naturschutz,

5. ökologische Verhältnisse,
6. Freiraumsicherung und Erholung.

(4) Sind für einen Landschaftsrahmenplan Bewertungsmerkmale aus mehreren Honorarzonen anwendbar und bestehen deswegen Zweifel, welcher Honorarzone der Landschaftsrahmenplan zugeordnet werden kann, so ist zunächst die Anzahl der Bewertungspunkte zu ermitteln. Zur Ermittlung der Bewertungspunkte werden die Bewertungsmerkmale wie folgt gewichtet:
1. die Bewertungsmerkmale gemäß Absatz 3 Nummer 1, 2, 3 und 6 mit je bis zu 6 Punkten und
2. die Bewertungsmerkmale gemäß Absatz 3 Nummer 4 und 5 mit je bis zu 9 Punkten.

(5) Der Landschaftsrahmenplan ist anhand der nach Absatz 4 ermittelten Bewertungspunkte einer der Honorarzonen zuzuordnen:
1. Honorarzone I: bis zu 16 Punkte,
2. Honorarzone II: 17 bis 30 Punkte,
3. Honorarzone III: 31 bis 42 Punkte.

(6) Wird die Größe des Planungsgebiets während der Leistungserbringung geändert, so ist das Honorar für die Leistungsphasen, die bis zur Änderung noch nicht erbracht sind, nach der geänderten Größe des Planungsgebiets zu berechnen.

§ 31 Honorare für Grundleistungen bei Landschaftspflegerischen Begleitplänen

(1) Für die in § 26 und Anlage 7 genannten Grundleistungen bei Landschaftspflegerischen Begleitplänen sind die in der nachstehenden Honorartafel aufgeführten Honorarspannen Orientierungswerte:

Fläche in Hektar	Honorarzone I geringe Anforderungen		Honorarzone II durchschnittliche Anforderungen		Honorarzone III hohe Anforderungen	
	von	bis	von	bis	von	bis
	Euro		Euro		Euro	
6	5.324	6.189	6.189	7.121	7.121	7.986
8	6.130	7.126	7.126	8.199	8.199	9.195
12	7.600	8.836	8.836	10.166	10.166	11.401
16	8.947	10.401	10.401	11.966	11.966	13.420
20	10.207	11.866	11.866	13.652	13.652	15.311
40	15.755	18.315	18.315	21.072	21.072	23.632
100	29.126	33.859	33.859	38.956	38.956	43.689

Fläche in Hektar	Honorarzone I geringe Anforderungen		Honorarzone II durchschnittliche Anforderungen		Honorarzone III hohe Anforderungen	
	von	bis	von	bis	von	bis
	Euro		Euro		Euro	
200	47.180	54.846	54.846	63.103	63.103	70.769
300	62.748	72.944	72.944	83.925	83.925	94.121
400	76.829	89.314	89.314	102.759	102.759	115.244
500	89.855	104.456	104.456	120.181	120.181	134.782
600	102.062	118.647	118.647	136.508	136.508	153.093
700	113.602	132.062	132.062	151.942	151.942	170.402
800	124.575	144.819	144.819	166.620	166.620	186.863
1.200	167.729	194.985	194.985	224.338	224.338	251.594
1.600	207.279	240.961	240.961	277.235	277.235	310.918
2.000	244.349	284.056	284.056	326.817	326.817	366.524
2.400	279.559	324.987	324.987	373.910	373.910	419.338
3.200	343.814	399.683	399.683	459.851	459.851	515.720
4.000	400.847	465.985	465.985	536.133	536.133	601.270

(2) Das Honorar für Grundleistungen bei Landschaftspflegerischen Begleitplänen ist nach der Fläche des Planungsgebiets in Hektar und nach der Honorarzone zu berechnen.

(3) Welchen Honorarzonen die Grundleistungen zugeordnet werden, richtet sich nach folgenden Bewertungsmerkmalen:
1. ökologisch bedeutsame Strukturen und Schutzgebiete,
2. Landschaftsbild und Erholungsnutzung,
3. Nutzungsansprüche,
4. Anforderungen an die Gestaltung von Landschaft und Freiraum,
5. Empfindlichkeit gegenüber Umweltbelastungen und Beeinträchtigungen von Natur und Landschaft,
6. potenzielle Beeinträchtigungsintensität der Maßnahme.

(4) Sind für einen Landschaftspflegerischen Begleitplan Bewertungsmerkmale aus mehreren Honorarzonen anwendbar und bestehen deswegen Zweifel, welcher Honorarzone der Landschaftspflegerische Begleitplan zugeordnet werden kann, so ist zunächst die Anzahl der Bewertungspunkte zu ermitteln. Zur Ermittlung der Bewertungspunkte werden die Bewertungsmerkmale wie folgt gewichtet:
1. die Bewertungsmerkmale gemäß Absatz 3 Nummer 1, 2, 3 und 4 mit je bis zu 6 Punkten und
2. die Bewertungsmerkmale gemäß Absatz 3 Nummer 5 und 6 mit je bis zu 9 Punkten.

(5) Der Landschaftspflegerische Begleitplan ist anhand der nach Absatz 4 ermittelten Bewertungspunkte einer der Honorarzonen zuzuordnen:

1. Honorarzone I: bis zu 16 Punkte,
2. Honorarzone II: 17 bis 30 Punkte,
3. Honorarzone III: 31 bis 42 Punkte.

(6) Wird die Größe des Planungsgebiets während der Leistungserbringung geändert, so ist das Honorar für die Leistungsphasen, die bis zur Änderung noch nicht erbracht sind, nach der geänderten Größe des Planungsgebiets zu berechnen.

§ 32 Honorare für Grundleistungen bei Pflege- und Entwicklungsplänen

(1) Für die in § 27 und Anlage 8 genannten Grundleistungen bei Pflege- und Entwicklungsplänen sind die in der nachstehenden Honorartafel aufgeführten Honorarspannen Orientierungswerte:

Fläche in Hektar	Honorarzone I geringe Anforderungen		Honorarzone II durchschnittliche Anforderungen		Honorarzone III hohe Anforderungen	
	von	bis	von	bis	von	bis
	Euro		Euro		Euro	
5	3.852	7.704	7.704	11.556	11.556	15.408
10	4.802	9.603	9.603	14.405	14.405	19.207
15	5.481	10.963	10.963	16.444	16.444	21.925
20	6.029	12.058	12.058	18.087	18.087	24.116
30	6.906	13.813	13.813	20.719	20.719	27.626
40	7.612	15.225	15.225	22.837	22.837	30.450
50	8.213	16.425	16.425	24.638	24.638	32.851
75	9.433	18.866	18.866	28.298	28.298	37.731
100	10.408	20.816	20.816	31.224	31.224	41.633
150	11.949	23.899	23.899	35.848	35.848	47.798
200	13.165	26.330	26.330	39.495	39.495	52.660
300	15.318	30.636	30.636	45.954	45.954	61.272
400	17.087	34.174	34.174	51.262	51.262	68.349
500	18.621	37.242	37.242	55.863	55.863	74.484
750	21.833	43.666	43.666	65.500	65.500	87.333
1.000	24.507	49.014	49.014	73.522	73.522	98.029
1.500	28.966	57.932	57.932	86.898	86.898	115.864
2.500	36.065	72.131	72.131	108.196	108.196	144.261
5.000	49.288	98.575	98.575	147.863	147.863	197.150
10.000	69.015	138.029	138.029	207.044	207.044	276.058

(2) Das Honorar für Grundleistungen bei Pflege- und Entwicklungsplänen ist nach der Fläche des Planungsgebiets in Hektar und nach der Honorarzone zu berechnen.

(3) Welchen Honorarzonen die Grundleistungen zugeordnet werden, richtet sich nach folgenden Bewertungsmerkmalen:
1. fachliche Vorgaben,
2. Differenziertheit des floristischen Inventars oder der Pflanzengesellschaften,
3. Differenziertheit des faunistischen Inventars,
4. Beeinträchtigungen oder Schädigungen von Naturhaushalt und Landschaftsbild,
5. Aufwand für die Festlegung von Zielaussagen sowie für Pflege- und Entwicklungsmaßnahmen.

(4) Sind für einen Pflege- und Entwicklungsplan Bewertungsmerkmale aus mehreren Honorarzonen anwendbar und bestehen deswegen Zweifel, welcher Honorarzone der Pflege- und Entwicklungsplan zugeordnet werden kann, so ist zunächst die Anzahl der Bewertungspunkte zu ermitteln. Zur Ermittlung der Bewertungspunkte werden die Bewertungsmerkmale wie folgt gewichtet:
1. das Bewertungsmerkmal gemäß Absatz 3 Nummer 1 mit bis zu 4 Punkten,
2. die Bewertungsmerkmale gemäß Absatz 3 Nummer 4 und 5 mit je bis zu 6 Punkten und
3. die Bewertungsmerkmale gemäß Absatz 3 Nummer 2 und 3 mit je bis zu 9 Punkten.

(5) Der Pflege- und Entwicklungsplan ist anhand der nach Absatz 4 ermittelten Bewertungspunkte einer der Honorarzonen zuzuordnen:

1. Honorarzone I:	bis zu 13 Punkte,
2. Honorarzone II:	14 bis 24 Punkte,
3. Honorarzone III:	25 bis 34 Punkte.

(6) Wird die Größe des Planungsgebiets während der Leistungserbringung geändert, so ist das Honorar für die Leistungsphasen, die bis zur Änderung noch nicht erbracht sind, nach der geänderten Größe des Planungsgebiets zu berechnen.

Teil 3 Objektplanung

Abschnitt 1 Gebäude und Innenräume

§ 33 Besondere Grundlagen des Honorars

(1) Für Grundleistungen bei Gebäuden und Innenräumen sind die Kosten der Baukonstruktion anrechenbar.

(2) Für Grundleistungen bei Gebäuden und Innenräumen sind auch die Kosten für Technische Anlagen, die der Auftragnehmer nicht fachlich plant oder deren Ausführung er nicht fachlich überwacht,
1. vollständig anrechenbar bis zu einem Betrag von 25 Prozent der sonstigen anrechenbaren Kosten und
2. zur Hälfte anrechenbar mit dem Betrag, der 25 Prozent der sonstigen anrechenbaren Kosten übersteigt.

(3) Nicht anrechenbar sind insbesondere die Kosten für das Herrichten, für die nichtöffentliche Erschließung sowie für Leistungen zur Ausstattung und zu Kunstwerken, soweit der Auftragnehmer die Leistungen weder plant noch bei der Beschaffung mitwirkt oder ihre Ausführung oder ihren Einbau fachlich überwacht.

§ 34 Leistungsbild Gebäude und Innenräume

(1) Das Leistungsbild Gebäude und Innenräume umfasst Leistungen für Neubauten, Neuanlagen, Wiederaufbauten, Erweiterungsbauten, Umbauten, Modernisierungen, Instandsetzungen und Instandhaltungen.

(2) Leistungen für Innenräume sind die Gestaltung oder Erstellung von Innenräumen ohne wesentliche Eingriffe in Bestand oder Konstruktion.

(3) Die Grundleistungen sind in neun Leistungsphasen unterteilt und werden wie folgt in Prozentsätzen der Honorare des § 35 bewertet:
1. für die Leistungsphase 1 (Grundlagenermittlung) mit je 2 Prozent für Gebäude und Innenräume,
2. für die Leistungsphase 2 (Vorplanung) mit je 7 Prozent für Gebäude und Innenräume,
3. für die Leistungsphase 3 (Entwurfsplanung) mit 15 Prozent für Gebäude und Innenräume,
4. für die Leistungsphase 4 (Genehmigungsplanung) mit 3 Prozent für Gebäude und 2 Prozent für Innenräume,
5. für die Leistungsphase 5 (Ausführungsplanung) mit 25 Prozent für Gebäude und 30 Prozent für Innenräume,

6. für die Leistungsphase 6 (Vorbereitung der Vergabe) mit 10 Prozent für Gebäude und 7 Prozent für Innenräume,
7. für die Leistungsphase 7 (Mitwirkung bei der Vergabe) mit 4 Prozent für Gebäude und 3 Prozent für Innenräume,
8. für die Leistungsphase 8 (Objektüberwachung – Bauüberwachung und Dokumentation) mit 32 Prozent für Gebäude und Innenräume,
9. für die Leistungsphase 9 (Objektbetreuung) mit je 2 Prozent für Gebäude und Innenräume.

(4) Anlage 10 Nummer 10.1 regelt die Grundleistungen jeder Leistungsphase und enthält Beispiele für Besondere Leistungen.

§ 35 Honorare für Grundleistungen bei Gebäuden und Innenräumen

(1) Für die in § 34 und der Anlage 10 Nummer 10.1 genannten Grundleistungen für Gebäude und Innenräume sind die in der nachstehenden Honorartafel aufgeführten Honorarspannen Orientierungswerte:

Anrechenbare Kosten in Euro	Honorarzone I sehr geringe Anforderungen		Honorarzone II geringe Anforderungen		Honorarzone III durchschnittliche Anforderungen		Honorarzone IV hohe Anforderungen		Honorarzone V sehr hohe Anforderungen	
	von	bis	von	bis	von	bis	von	bis	von	bis
	Euro		Euro		Euro		Euro		Euro	
25.000	3.120	3.657	3.657	4.339	4.339	5.412	5.412	6.094	6.094	6.631
35.000	4.217	4.942	4.942	5.865	5.865	7.315	7.315	8.237	8.237	8.962
50.000	5.804	6.801	6.801	8.071	8.071	10.066	10.066	11.336	11.336	12.333
75.000	8.342	9.776	9.776	11.601	11.601	14.469	14.469	16.293	16.293	17.727
100.000	10.790	12.644	12.644	15.005	15.005	18.713	18.713	21.074	21.074	22.928
150.000	15.500	18.164	18.164	21.555	21.555	26.883	26.883	30.274	30.274	32.938
200.000	20.037	23.480	23.480	27.863	27.863	34.751	34.751	39.134	39.134	42.578
300.000	28.750	33.692	33.692	39.981	39.981	49.864	49.864	56.153	56.153	61.095
500.000	45.232	53.006	53.006	62.900	62.900	78.449	78.449	88.343	88.343	96.118
750.000	64.666	75.781	75.781	89.927	89.927	112.156	112.156	126.301	126.301	137.416
1.000.000	83.182	97.479	97.479	115.675	115.675	144.268	144.268	162.464	162.464	176.761
1.500.000	119.307	139.813	139.813	165.911	165.911	206.923	206.923	233.022	233.022	253.527
2.000.000	153.965	180.428	180.428	214.108	214.108	267.034	267.034	300.714	300.714	327.177
3.000.000	220.161	258.002	258.002	306.162	306.162	381.843	381.843	430.003	430.003	467.843
5.000.000	343.879	402.984	402.984	478.207	478.207	596.416	596.416	671.640	671.640	730.744
7.500.000	493.923	578.816	578.816	686.862	686.862	856.648	856.648	964.694	964.694	1.049.587
10.000.000	638.277	747.981	747.981	887.604	887.604	1.107.012	1.107.012	1.246.635	1.246.635	1.356.339
15.000.000	915.129	1.072.416	1.072.416	1.272.601	1.272.601	1.587.176	1.587.176	1.787.360	1.787.360	1.944.648
20.000.000	1.180.414	1.383.298	1.383.298	1.641.513	1.641.513	2.047.281	2.047.281	2.305.496	2.305.496	2.508.380
25.000.000	1.436.874	1.683.837	1.683.837	1.998.153	1.998.153	2.492.079	2.492.079	2.806.395	2.806.395	3.053.358

(2) Welchen Honorarzonen die Grundleistungen für Gebäude zugeordnet werden, richtet sich nach folgenden Bewertungsmerkmalen:
1. Anforderungen an die Einbindung in die Umgebung,
2. Anzahl der Funktionsbereiche,
3. gestalterische Anforderungen,
4. konstruktive Anforderungen,
5. technische Ausrüstung,
6. Ausbau.

(3) Welchen Honorarzonen die Grundleistungen für Innenräume zugeordnet werden, richtet sich nach folgenden Bewertungsmerkmalen:
1. Anzahl der Funktionsbereiche,
2. Anforderungen an die Lichtgestaltung,
3. Anforderungen an die Raumzuordnung und Raumproportion,
4. technische Ausrüstung,
5. Farb- und Materialgestaltung,
6. konstruktive Detailgestaltung.

(4) Sind für ein Gebäude Bewertungsmerkmale aus mehreren Honorarzonen anwendbar und bestehen deswegen Zweifel, welcher Honorarzone das Gebäude oder der Innenraum zugeordnet werden kann, so ist zunächst die Anzahl der Bewertungspunkte zu ermitteln. Zur Ermittlung der Bewertungspunkte werden die Bewertungsmerkmale wie folgt gewichtet:
1. die Bewertungsmerkmale gemäß Absatz 2 Nummer 1, 4 bis 6 mit je bis zu 6 Punkten und
2. die Bewertungsmerkmale gemäß Absatz 2 Nummer 2 und 3 mit je bis zu 9 Punkten.

(5) Sind für Innenräume Bewertungsmerkmale aus mehreren Honorarzonen anwendbar und bestehen deswegen Zweifel, welcher Honorarzone das Gebäude oder der Innenraum zugeordnet werden kann, so ist zunächst die Anzahl der Bewertungspunkte zu ermitteln. Zur Ermittlung der Bewertungspunkte werden die Bewertungsmerkmale wie folgt gewichtet:
1. die Bewertungsmerkmale gemäß Absatz 3 Nummer 1 bis 4 mit je bis zu 6 Punkten und
2. die Bewertungsmerkmale gemäß Absatz 3 Nummer 5 und 6 mit je bis zu 9 Punkten.

(6) Das Gebäude oder der Innenraum ist anhand der nach Absatz 5 ermittelten Bewertungspunkte einer der Honorarzonen zuzuordnen:
1. Honorarzone I: bis zu 10 Punkte,
2. Honorarzone II: 11 bis 18 Punkte,
3. Honorarzone III: 19 bis 26 Punkte,

4. Honorarzone IV: 27 bis 34 Punkte,
5. Honorarzone V: 35 bis 42 Punkte.

(7) Für die Zuordnung zu den Honorarzonen ist die Objektliste der Anlage 10 Nummer 10.2 und Nummer 10.3 zu berücksichtigen.

§ 36 Umbauten und Modernisierungen von Gebäuden und Innenräumen

(1) Für Umbauten und Modernisierungen von Gebäuden kann bei einem durchschnittlichen Schwierigkeitsgrad ein Zuschlag gemäß § 6 Absatz 2 Satz 3 bis 33 Prozent auf das ermittelte Honorar in Textform vereinbart werden.

(2) Für Umbauten und Modernisierungen von Innenräumen in Gebäuden kann bei einem durchschnittlichen Schwierigkeitsgrad ein Zuschlag gemäß § 6 Absatz 2 Satz 3 bis 50 Prozent auf das ermittelte Honorar in Textform vereinbart werden.

§ 37 Aufträge für Gebäude und Freianlagen oder für Gebäude und Innenräume

(1) § 11 Absatz 1 ist nicht anzuwenden, wenn die getrennte Berechnung der Honorare für Freianlagen weniger als 7.500 Euro anrechenbare Kosten ergeben würde.

(2) Werden Grundleistungen für Innenräume in Gebäuden, die neu gebaut, wiederaufgebaut, erweitert oder umgebaut werden, einem Auftragnehmer übertragen, dem auch Grundleistungen für dieses Gebäude nach § 34 übertragen werden, so sind die Grundleistungen für Innenräume bei der Vereinbarung des Honorars für die Grundleistungen am Gebäude zu berücksichtigen. Ein gesondertes Honorar nach § 11 Absatz 1 darf für die Grundleistungen für Innenräume nicht berechnet werden.

Abschnitt 2 Freianlagen

§ 38 Besondere Grundlagen des Honorars

(1) Für Grundleistungen bei Freianlagen sind die Kosten für Außenanlagen anrechenbar, insbesondere für folgende Bauwerke und Anlagen, soweit diese durch den Auftragnehmer geplant oder überwacht werden:
1. Einzelgewässer mit überwiegend ökologischen und landschaftsgestalterischen Elementen,
2. Teiche ohne Dämme,
3. flächenhafter Erdbau zur Geländegestaltung,
4. einfache Durchlässe und Uferbefestigungen als Mittel zur Geländegestaltung, soweit keine Grundleistungen nach Teil 4 Abschnitt 1 erforderlich sind,
5. Lärmschutzwälle als Mittel zur Geländegestaltung,

6. Stützbauwerke und Geländeabstützungen ohne Verkehrsbelastung als Mittel zur Geländegestaltung, soweit keine Tragwerke mit durchschnittlichem Schwierigkeitsgrad erforderlich sind,
7. Stege und Brücken, soweit keine Grundleistungen nach Teil 4 Abschnitt 1 erforderlich sind,
8. Wege ohne Eignung für den regelmäßigen Fahrverkehr mit einfachen Entwässerungsverhältnissen sowie andere Wege und befestigte Flächen, die als Gestaltungselement der Freianlagen geplant werden und für die keine Grundleistungen nach Teil 3 Abschnitt 3 und 4 erforderlich sind.

(2) Nicht anrechenbar sind für Grundleistungen bei Freianlagen die Kosten für
1. das Gebäude sowie die in § 33 Absatz 3 genannten Kosten und
2. den Unter- und Oberbau von Fußgängerbereichen ausgenommen die Kosten für die Oberflächenbefestigung.

§ 39 Leistungsbild Freianlagen

(1) Freianlagen sind planerisch gestaltete Freiflächen und Freiräume sowie entsprechend gestaltete Anlagen in Verbindung mit Bauwerken oder in Bauwerken und landschaftspflegerische Freianlagenplanungen in Verbindung mit Objekten.

(2) § 34 Absatz 1 gilt entsprechend.

(3) Die Grundleistungen bei Freianlagen sind in neun Leistungsphasen unterteilt und werden wie folgt in Prozentsätzen der Honorare des § 40 bewertet:
1. für die Leistungsphase 1 (Grundlagenermittlung) mit 3 Prozent,
2. für die Leistungsphase 2 (Vorplanung) mit 10 Prozent,
3. für die Leistungsphase 3 (Entwurfsplanung) mit 16 Prozent,
4. für die Leistungsphase 4 (Genehmigungsplanung) mit 4 Prozent,
5. für die Leistungsphase 5 (Ausführungsplanung) mit 25 Prozent,
6. für die Leistungsphase 6 (Vorbereitung der Vergabe) mit 7 Prozent,
7. für die Leistungsphase 7 (Mitwirkung bei der Vergabe) mit 3 Prozent,
8. für die Leistungsphase 8 (Objektüberwachung – Bauüberwachung und Dokumentation) mit 30 Prozent und
9. für die Leistungsphase 9 (Objektbetreuung) mit 2 Prozent.

(4) Anlage 11 Nummer 11.1 regelt die Grundleistungen jeder Leistungsphase und enthält Beispiele für Besondere Leistungen.

§ 40 Honorare für Grundleistungen bei Freianlagen

(1) Für die in § 39 und der Anlage 11 Nummer 11.1 genannten Grundleistungen für Freianlagen sind die in der nachstehenden Honorartafel aufgeführten Honorarspannen Orientierungswerte:

Anrechenbare Kosten in Euro	Honorarzone I sehr geringe Anforderungen		Honorarzone II geringe Anforderungen		Honorarzone III durchschnittliche Anforderungen		Honorarzone IV hohe Anforderungen		Honorarzone V sehr hohe Anforderungen	
	von	bis	von	bis	von	bis	von	bis	von	bis
	Euro		Euro		Euro		Euro		Euro	
20.000	3.643	4.348	4.348	5.229	5.229	6.521	6.521	7.403	7.403	8.108
25.000	4.406	5.259	5.259	6.325	6.325	7.888	7.888	8.954	8.954	9.807
30.000	5.147	6.143	6.143	7.388	7.388	9.215	9.215	10.460	10.460	11.456
35.000	5.870	7.006	7.006	8.426	8.426	10.508	10.508	11.928	11.928	13.064
40.000	6.577	7.850	7.850	9.441	9.441	11.774	11.774	13.365	13.365	14.638
50.000	7.953	9.492	9.492	11.416	11.416	14.238	14.238	16.162	16.162	17.701
60.000	9.287	11.085	11.085	13.332	13.332	16.627	16.627	18.874	18.874	20.672
75.000	11.227	13.400	13.400	16.116	16.116	20.100	20.100	22.816	22.816	24.989
100.000	14.332	17.106	17.106	20.574	20.574	25.659	25.659	29.127	29.127	31.901
125.000	17.315	20.666	20.666	24.855	24.855	30.999	30.999	35.188	35.188	38.539
150.000	20.201	24.111	24.111	28.998	28.998	36.166	36.166	41.053	41.053	44.963
200.000	25.746	30.729	30.729	36.958	36.958	46.094	46.094	52.323	52.323	57.306
250.000	31.053	37.063	37.063	44.576	44.576	55.594	55.594	63.107	63.107	69.117
350.000	41.147	49.111	49.111	59.066	59.066	73.667	73.667	83.622	83.622	91.586
500.000	55.300	66.004	66.004	79.383	79.383	99.006	99.006	112.385	112.385	123.088
650.000	69.114	82.491	82.491	99.212	99.212	123.736	123.736	140.457	140.457	153.834
800.000	82.430	98.384	98.384	118.326	118.326	147.576	147.576	167.518	167.518	183.472
1.000.000	99.578	118.851	118.851	142.942	142.942	178.276	178.276	202.368	202.368	221.641
1.250.000	120.238	143.510	143.510	172.600	172.600	215.265	215.265	244.355	244.355	267.627
1.500.000	140.204	167.340	167.340	201.261	201.261	251.011	251.011	284.931	284.931	312.067

(2) Welchen Honorarzonen die Grundleistungen zugeordnet werden, richtet sich nach folgenden Bewertungsmerkmalen:
1. Anforderungen an die Einbindung in die Umgebung,
2. Anforderungen an Schutz, Pflege und Entwicklung von Natur und Landschaft,
3. Anzahl der Funktionsbereiche,
4. gestalterische Anforderungen,
5. Ver- und Entsorgungseinrichtungen.

(3) Sind für eine Freianlage Bewertungsmerkmale aus mehreren Honorarzonen anwendbar und bestehen deswegen Zweifel, welcher Honorarzone die Freianlage zugeordnet werden kann, so ist zunächst die Anzahl der Bewertungspunkte zu ermitteln. Zur Ermittlung der Bewertungspunkte werden die Bewertungsmerkmale wie folgt gewichtet:
1. die Bewertungsmerkmale gemäß Absatz 2 Nummer 1, 2 und 4 mit je bis zu 8 Punkten,
2. die Bewertungsmerkmale gemäß Absatz 2 Nummer 3 und 5 mit je bis zu 6 Punkten.

(4) Die Freianlage ist anhand der nach Absatz 3 ermittelten Bewertungspunkte einer der Honorarzonen zuzuordnen:

1. Honorarzone I:	bis zu 8 Punkte,
2. Honorarzone II:	9 bis 15 Punkte,
3. Honorarzone III:	16 bis 22 Punkte,
4. Honorarzone IV:	23 bis 29 Punkte,
5. Honorarzone V:	30 bis 36 Punkte.

(5) Für die Zuordnung zu den Honorarzonen ist die Objektliste der Anlage 11 Nummer 11.2 zu berücksichtigen.

(6) § 36 Absatz 1 ist für Freianlagen entsprechend anzuwenden.

Abschnitt 3 Ingenieurbauwerke

§ 41 Anwendungsbereich

Ingenieurbauwerke umfassen:
1. Bauwerke und Anlagen der Wasserversorgung,
2. Bauwerke und Anlagen der Abwasserentsorgung,
3. Bauwerke und Anlagen des Wasserbaus ausgenommen Freianlagen nach § 39 Absatz 1,

4. Bauwerke und Anlagen für Ver- und Entsorgung mit Gasen, Feststoffen und wassergefährdenden Flüssigkeiten, ausgenommen Anlagen der Technischen Ausrüstung nach § 53 Absatz 2,
5. Bauwerke und Anlagen der Abfallentsorgung,
6. konstruktive Ingenieurbauwerke für Verkehrsanlagen,
7. sonstige Einzelbauwerke ausgenommen Gebäude und Freileitungsmaste.

§ 42 Besondere Grundlagen des Honorars

(1) Für Grundleistungen bei Ingenieurbauwerken sind die Kosten der Baukonstruktion anrechenbar. Die Kosten für die Anlagen der Maschinentechnik, die der Zweckbestimmung des Ingenieurbauwerks dienen, sind anrechenbar, soweit der Auftragnehmer diese plant oder deren Ausführung überwacht.

(2) Für Grundleistungen bei Ingenieurbauwerken sind auch die Kosten für Technische Anlagen, die der Auftragnehmer nicht fachlich plant oder deren Ausführung der Auftragnehmer nicht fachlich überwacht,
1. vollständig anrechenbar bis zum Betrag von 25 Prozent der sonstigen anrechenbaren Kosten und
2. zur Hälfte anrechenbar mit dem Betrag, der 25 Prozent der sonstigen anrechenbaren Kosten übersteigt.

(3) Nicht anrechenbar sind, soweit der Auftragnehmer die Anlagen weder plant noch ihre Ausführung überwacht, die Kosten für
1. das Herrichten des Grundstücks,
2. die öffentliche und die nichtöffentliche Erschließung, die Außenanlagen, das Umlegen und Verlegen von Leitungen,
3. verkehrsregelnde Maßnahmen während der Bauzeit,
4. die Ausstattung und Nebenanlagen von Ingenieurbauwerken.

§ 43 Leistungsbild Ingenieurbauwerke

(1) § 34 Absatz 1 gilt entsprechend. Die Grundleistungen für Ingenieurbauwerke sind in neun Leistungsphasen unterteilt und werden wie folgt in Prozentsätzen der Honorare des § 44 bewertet:
1. für die Leistungsphase 1 (Grundlagenermittlung) mit 2 Prozent,
2. für die Leistungsphase 2 (Vorplanung) mit 20 Prozent,
3. für die Leistungsphase 3 (Entwurfsplanung) mit 25 Prozent,
4. für die Leistungsphase 4 (Genehmigungsplanung) mit 5 Prozent,
5. für die Leistungsphase 5 (Ausführungsplanung) mit 15 Prozent,
6. für die Leistungsphase 6 (Vorbereitung der Vergabe) mit 13 Prozent,
7. für die Leistungsphase 7 (Mitwirkung bei der Vergabe) mit 4 Prozent,
8. für die Leistungsphase 8 (Bauoberleitung) mit 15 Prozent,
9. für die Leistungsphase 9 (Objektbetreuung) mit 1 Prozent.

(2) Abweichend von Absatz 1 Nummer 2 wird die Leistungsphase 2 bei Objekten nach § 41 Nummer 6 und 7, die eine Tragwerksplanung erfordern, mit 10 Prozent bewertet.

(3) Die Vertragsparteien können abweichend von Absatz 1 in Textform vereinbaren, dass
1. die Leistungsphase 4 mit 5 bis 8 Prozent bewertet wird, wenn dafür ein eigenständiges Planfeststellungsverfahren erforderlich ist,
2. die Leistungsphase 5 mit 15 bis 35 Prozent bewertet wird, wenn ein überdurchschnittlicher Aufwand an Ausführungszeichnungen erforderlich wird.

(4) Anlage 12 Nummer 12.1 regelt die Grundleistungen jeder Leistungsphase und enthält Beispiele für Besondere Leistungen.

§ 44 Honorare für Grundleistungen bei Ingenieurbauwerken

(1) Für die in § 43 und der Anlage 12 Nummer 12.1 genannten Grundleistungen bei Ingenieurbauwerken sind die in der nachstehenden Honorartafel aufgeführten Honorarspannen Orientierungswerte:

Anrechenbare Kosten in Euro	Honorarzone I sehr geringe Anforderungen		Honorarzone II geringe Anforderungen		Honorarzone III durchschnittliche Anforderungen		Honorarzone IV hohe Anforderungen		Honorarzone V sehr hohe Anforderungen	
	von	bis	von	bis	von	bis	von	bis	von	bis
	Euro		Euro		Euro		Euro		Euro	
25.000	3.449	4.109	4.109	4.768	4.768	5.428	5.428	6.036	6.036	6.696
35.000	4.475	5.331	5.331	6.186	6.186	7.042	7.042	7.831	7.831	8.687
50.000	5.897	7.024	7.024	8.152	8.152	9.279	9.279	10.320	10.320	11.447
75.000	8.069	9.611	9.611	11.154	11.154	12.697	12.697	14.121	14.121	15.663
100.000	10.079	12.005	12.005	13.932	13.932	15.859	15.859	17.637	17.637	19.564
150.000	13.786	16.422	16.422	19.058	19.058	21.693	21.693	24.126	24.126	26.762
200.000	17.215	20.506	20.506	23.797	23.797	27.088	27.088	30.126	30.126	33.417
300.000	23.534	28.033	28.033	32.532	32.532	37.031	37.031	41.185	41.185	45.684
500.000	34.865	41.530	41.530	48.195	48.195	54.861	54.861	61.013	61.013	67.679
750.000	47.576	56.672	56.672	65.767	65.767	74.863	74.863	83.258	83.258	92.354
1.000.000	59.264	70.594	70.594	81.924	81.924	93.254	93.254	103.712	103.712	115.042
1.500.000	80.998	96.482	96.482	111.967	111.967	127.452	127.452	141.746	141.746	157.230
2.000.000	101.054	120.373	120.373	139.692	139.692	159.011	159.011	176.844	176.844	196.163
3.000.000	137.907	164.272	164.272	190.636	190.636	217.001	217.001	241.338	241.338	267.702
5.000.000	203.584	242.504	242.504	281.425	281.425	320.345	320.345	356.272	356.272	395.192
7.500.000	278.415	331.642	331.642	384.868	384.868	438.095	438.095	487.227	487.227	540.453
10.000.000	347.568	414.014	414.014	480.461	480.461	546.908	546.908	608.244	608.244	674.690
15.000.000	474.901	565.691	565.691	656.480	656.480	747.270	747.270	831.076	831.076	921.866
20.000.000	592.324	705.563	705.563	818.801	818.801	932.040	932.040	1.036.568	1.036.568	1.149.806
25.000.000	702.770	837.123	837.123	971.476	971.476	1.105.829	1.105.829	1.229.848	1.229.848	1.364.201

(2) Welchen Honorarzonen die Grundleistungen zugeordnet werden, richtet sich nach folgenden Bewertungsmerkmalen:
1. geologische und baugrundtechnische Gegebenheiten,
2. technische Ausrüstung und Ausstattung,
3. Einbindung in die Umgebung oder in das Objektumfeld,
4. Umfang der Funktionsbereiche oder der konstruktiven oder technischen Anforderungen,
5. fachspezifische Bedingungen.

(3) Sind für Ingenieurbauwerke Bewertungsmerkmale aus mehreren Honorarzonen anwendbar und bestehen deswegen Zweifel, welcher Honorarzone das Objekt zugeordnet werden kann, so ist zunächst die Anzahl der Bewertungspunkte zu ermitteln. Zur Ermittlung der Bewertungspunkte werden die Bewertungsmerkmale wie folgt gewichtet:
1. die Bewertungsmerkmale gemäß Absatz 2 Nummer 1, 2 und 3 mit bis zu 5 Punkten,
2. das Bewertungsmerkmal gemäß Absatz 2 Nummer 4 mit bis zu 10 Punkten,
3. das Bewertungsmerkmal gemäß Absatz 2 Nummer 5 mit bis zu 15 Punkten.

(4) Das Ingenieurbauwerk ist anhand der nach Absatz 3 ermittelten Bewertungspunkte einer der Honorarzonen zuzuordnen:

1. Honorarzone I:	bis zu 10 Punkte,
2. Honorarzone II:	11 bis 17 Punkte,
3. Honorarzone III:	18 bis 25 Punkte,
4. Honorarzone IV:	26 bis 33 Punkte,
5. Honorarzone V:	34 bis 40 Punkte.

(5) Für die Zuordnung zu den Honorarzonen ist die Objektliste der Anlage 12 Nummer 12.2 zu berücksichtigen.

(6) Für Umbauten und Modernisierungen von Ingenieurbauwerken kann bei einem durchschnittlichen Schwierigkeitsgrad ein Zuschlag gemäß § 6 Absatz 2 Satz 3 bis 33 Prozent in Textform vereinbart werden.

Abschnitt 4 Verkehrsanlagen

§ 45 Anwendungsbereich

Verkehrsanlagen sind
1. Anlagen des Straßenverkehrs ausgenommen selbstständige Rad-, Geh- und Wirtschaftswege und Freianlagen nach § 39 Absatz 1,
2. Anlagen des Schienenverkehrs,
3. Anlagen des Flugverkehrs.

§ 46 Besondere Grundlagen des Honorars

(1) Für Grundleistungen bei Verkehrsanlagen sind die Kosten der Baukonstruktion anrechenbar. Soweit der Auftragnehmer die Ausstattung von Anlagen des Straßen-, Schienen- und Flugverkehrs einschließlich der darin enthaltenen Entwässerungsanlagen, die der Zweckbestimmung der Verkehrsanlagen dienen, plant oder deren Ausführung überwacht, sind die dadurch entstehenden Kosten anrechenbar.

(2) Für Grundleistungen bei Verkehrsanlagen sind auch die Kosten für Technische Anlagen, die der Auftragnehmer nicht fachlich plant oder deren Ausführung der Auftragnehmer nicht fachlich überwacht,

1. vollständig anrechenbar bis zu einem Betrag von 25 Prozent der sonstigen anrechenbaren Kosten und
2. zur Hälfte anrechenbar mit dem Betrag, der 25 Prozent der sonstigen anrechenbaren Kosten übersteigt.

(3) Nicht anrechenbar sind, soweit der Auftragnehmer die Anlagen weder plant noch ihre Ausführung überwacht, die Kosten für

1. das Herrichten des Grundstücks,
2. die öffentliche und die nichtöffentliche Erschließung, die Außenanlagen, das Umlegen und Verlegen von Leitungen,
3. die Nebenanlagen von Anlagen des Straßen-, Schienen- und Flugverkehrs,
4. verkehrsregelnde Maßnahmen während der Bauzeit.

(4) Für Grundleistungen der Leistungsphasen 1 bis 7 und 9 bei Verkehrsanlagen sind

1. die Kosten für Erdarbeiten einschließlich Felsarbeiten anrechenbar bis zu einem Betrag von 40 Prozent der sonstigen anrechenbaren Kosten nach Absatz 1 und
2. 10 Prozent der Kosten für Ingenieurbauwerke anrechenbar, wenn dem Auftragnehmer für diese Ingenieurbauwerke nicht gleichzeitig Grundleistungen nach § 43 übertragen werden.

(5) Die nach den Absätzen 1 bis 4 ermittelten Kosten sind für Grundleistungen des § 47 Absatz 1 Satz 2 Nummer 1 bis 7 und 9

1. bei Straßen, die mehrere durchgehende Fahrspuren mit einer gemeinsamen Entwurfsachse und einer gemeinsamen Entwurfsgradiente haben, wie folgt anteilig anrechenbar:
   a) bei dreistreifigen Straßen zu 85 Prozent,
   b) bei vierstreifigen Straßen zu 70 Prozent und
   c) bei mehr als vierstreifigen Straßen zu 60 Prozent,
2. bei Gleis- und Bahnsteiganlagen, die zwei Gleise mit einem gemeinsamen Planum haben, zu 90 Prozent anrechenbar. Das Honorar für Gleis- und Bahn-

steiganlagen mit mehr als zwei Gleisen oder Bahnsteigen kann abweichend von den Grundsätzen des Satzes 1, der Absätze 1 bis 4 und der §§ 47 und 48 vereinbart werden.

§ 47 Leistungsbild Verkehrsanlagen

(1) § 34 Absatz 1 gilt entsprechend. Die Grundleistungen für Verkehrsanlagen sind in neun Leistungsphasen unterteilt und werden wie folgt in Prozentsätzen der Honorare des § 48 bewertet:
1. für die Leistungsphase 1 (Grundlagenermittlung) mit 2 Prozent,
2. für die Leistungsphase 2 (Vorplanung) mit 20 Prozent,
3. für die Leistungsphase 3 (Entwurfsplanung) mit 25 Prozent,
4. für die Leistungsphase 4 (Genehmigungsplanung) mit 8 Prozent,
5. für die Leistungsphase 5 (Ausführungsplanung) mit 15 Prozent,
6. für die Leistungsphase 6 (Vorbereitung der Vergabe) mit 10 Prozent,
7. für die Leistungsphase 7 (Mitwirkung bei der Vergabe) mit 4 Prozent,
8. für die Leistungsphase 8 (Bauoberleitung) mit 15 Prozent,
9. für die Leistungsphase 9 (Objektbetreuung) mit 1 Prozent.

(2) Anlage 13 Nummer 13.1 regelt die Grundleistungen jeder Leistungsphase und enthält Beispiele für Besondere Leistungen.

§ 48 Honorare für Grundleistungen bei Verkehrsanlagen

(1) Für die in § 47 und der Anlage 13 Nummer 13.1 genannten Grundleistungen bei Verkehrsanlagen sind die in der nachstehenden Honorartafel aufgeführten Honorarspannen Orientierungswerte:

Anrechenbare Kosten in Euro	Honorarzone I sehr geringe Anforderungen		Honorarzone II geringe Anforderungen		Honorarzone III durchschnittliche Anforderungen		Honorarzone IV hohe Anforderungen		Honorarzone V sehr hohe Anforderungen	
	von	bis	von	bis	von	bis	von	bis	von	bis
	Euro		Euro		Euro		Euro		Euro	
25.000	3.882	4.624	4.624	5.366	5.366	6.108	6.108	6.793	6.793	7.535
35.000	4.981	5.933	5.933	6.885	6.885	7.837	7.837	8.716	8.716	9.668
50.000	6.487	7.727	7.727	8.967	8.967	10.207	10.207	11.352	11.352	12.592
75.000	8.759	10.434	10.434	12.108	12.108	13.783	13.783	15.328	15.328	17.003
100.000	10.839	12.911	12.911	14.983	14.983	17.056	17.056	18.968	18.968	21.041
150.000	14.634	17.432	17.432	20.229	20.229	23.027	23.027	25.610	25.610	28.407
200.000	18.106	21.567	21.567	25.029	25.029	28.490	28.490	31.685	31.685	35.147
300.000	24.435	29.106	29.106	33.778	33.778	38.449	38.449	42.761	42.761	47.433
500.000	35.622	42.433	42.433	49.243	49.243	56.053	56.053	62.339	62.339	69.149
750.000	48.001	57.178	57.178	66.355	66.355	75.532	75.532	84.002	84.002	93.179
1.000.000	59.267	70.597	70.597	81.928	81.928	93.258	93.258	103.717	103.717	115.047
1.500.000	80.009	95.305	95.305	110.600	110.600	125.896	125.896	140.015	140.015	155.311
2.000.000	98.962	117.881	117.881	136.800	136.800	155.719	155.719	173.183	173.183	192.102
3.000.000	133.441	158.951	158.951	184.462	184.462	209.973	209.973	233.521	233.521	259.032
5.000.000	194.094	231.200	231.200	268.306	268.306	305.412	305.412	339.664	339.664	376.770
7.500.000	262.407	312.573	312.573	362.739	362.739	412.905	412.905	459.212	459.212	509.378
10.000.000	324.978	387.107	387.107	449.235	449.235	511.363	511.363	568.712	568.712	630.840
15.000.000	439.179	523.140	523.140	607.101	607.101	691.062	691.062	768.564	768.564	852.525
20.000.000	543.619	647.546	647.546	751.473	751.473	855.401	855.401	951.333	951.333	1.055.260
25.000.000	641.265	763.860	763.860	886.454	886.454	1.009.049	1.009.049	1.122.213	1.122.213	1.244.808

(2) Welchen Honorarzonen die Grundleistungen zugeordnet werden, richtet sich nach folgenden Bewertungsmerkmalen:

1. geologische und baugrundtechnische Gegebenheiten,
2. technische Ausrüstung und Ausstattung,
3. Einbindung in die Umgebung oder das Objektumfeld,
4. Umfang der Funktionsbereiche oder der konstruktiven oder technischen Anforderungen,
5. fachspezifische Bedingungen.

(3) Sind für Verkehrsanlagen Bewertungsmerkmale aus mehreren Honorarzonen anwendbar und bestehen deswegen Zweifel, welcher Honorarzone das Objekt zugeordnet werden kann, so ist zunächst die Anzahl der Bewertungspunkte zu ermitteln. Zur Ermittlung der Bewertungspunkte werden die Bewertungsmerkmale wie folgt gewichtet:

1. die Bewertungsmerkmale gemäß Absatz 2 Nummer 1, 2 mit bis zu 5 Punkten,
2. das Bewertungsmerkmal gemäß Absatz 2 Nummer 3 mit bis zu 15 Punkten,
3. das Bewertungsmerkmal gemäß Absatz 2 Nummer 4 mit bis zu 10 Punkten,
4. das Bewertungsmerkmal gemäß Absatz 2 Nummer 5 mit bis zu 5 Punkten,

(4) Die Verkehrsanlage ist anhand der nach Absatz 3 ermittelten Bewertungspunkte einer der Honorarzonen zuzuordnen:

1. Honorarzone I:	bis zu 10 Punkte,
2. Honorarzone II:	11 bis 17 Punkte,
3. Honorarzone III:	18 bis 25 Punkte,
4. Honorarzone IV:	26 bis 33 Punkte,
5. Honorarzone V:	34 bis 40 Punkte.

(5) Für die Zuordnung zu den Honorarzonen ist die Objektliste der Anlage 13 Nummer 13.2 zu berücksichtigen.

(6) Für Umbauten und Modernisierungen von Verkehrsanlagen kann bei einem durchschnittlichen Schwierigkeitsgrad ein Zuschlag gemäß § 6 Absatz 2 Satz 3 bis 33 Prozent in Textform vereinbart werden.

Teil 4 Fachplanung

Abschnitt 1 Tragwerksplanung

§ 49 Anwendungsbereich

(1) Leistungen der Tragwerksplanung sind die statische Fachplanung für die Objektplanung Gebäude und Ingenieurbauwerke.

(2) Das Tragwerk bezeichnet das statische Gesamtsystem der miteinander verbundenen, lastabtragenden Konstruktionen, die für die Standsicherheit von Gebäuden, Ingenieurbauwerken und Traggerüsten bei Ingenieurbauwerken maßgeblich sind.

§ 50 Besondere Grundlagen des Honorars

(1) Bei Gebäuden und zugehörigen baulichen Anlagen sind 55 Prozent der Baukonstruktionskosten und 10 Prozent der Kosten der Technischen Anlagen anrechenbar.

(2) Die Vertragsparteien können bei Gebäuden mit einem hohen Anteil an Kosten der Gründung und der Tragkonstruktionen in Textform vereinbaren, dass die anrechenbaren Kosten abweichend von Absatz 1 nach Absatz 3 ermittelt werden.

(3) Bei Ingenieurbauwerken sind 90 Prozent der Baukonstruktionskosten und 15 Prozent der Kosten der Technischen Anlagen anrechenbar.

(4) Für Traggerüste bei Ingenieurbauwerken sind die Herstellkosten einschließlich der zugehörigen Kosten für Baustelleneinrichtungen anrechenbar. Bei mehrfach verwendeten Bauteilen ist der Neuwert anrechenbar.

(5) Die Vertragsparteien können vereinbaren, dass Kosten von Arbeiten, die nicht in den Absätzen 1 bis 3 erfasst sind, ganz oder teilweise anrechenbar sind, wenn der Auftragnehmer wegen dieser Arbeiten Mehrleistungen für das Tragwerk nach § 51 erbringt.

§ 51 Leistungsbild Tragwerksplanung

(1) Die Grundleistungen der Tragwerksplanung sind für Gebäude und zugehörige bauliche Anlagen sowie für Ingenieurbauwerke nach § 41 Nummer 1 bis 5 in den Leistungsphasen 1 bis 6 sowie für Ingenieurbauwerke nach § 41 Nummer 6 und 7 in den Leistungsphasen 2 bis 6 zusammengefasst und werden wie folgt in Prozentsätzen der Honorare des § 52 bewertet:
1. für die Leistungsphase 1 (Grundlagenermittlung) mit 3 Prozent,

2. für die Leistungsphase 2 (Vorplanung) mit 10 Prozent,
3. für die Leistungsphase 3 (Entwurfsplanung) mit 15 Prozent,
4. für die Leistungsphase 4 (Genehmigungsplanung) mit 30 Prozent,
5. für die Leistungsphase 5 (Ausführungsplanung) mit 40 Prozent,
6. für die Leistungsphase 6 (Vorbereitung der Vergabe) mit 2 Prozent.

(2) Die Leistungsphase 5 ist abweichend von Absatz 1 mit 30 Prozent der Honorare des § 52 zu bewerten
1. im Stahlbetonbau, sofern keine Schalpläne in Auftrag gegeben werden,
2. im Holzbau mit unterdurchschnittlichem Schwierigkeitsgrad.

(3) Die Leistungsphase 5 ist abweichend von Absatz 1 mit 20 Prozent der Honorare des § 52 zu bewerten, sofern nur Schalpläne in Auftrag gegeben werden.

(4) Bei sehr enger Bewehrung kann die Bewertung der Leistungsphase 5 um bis zu 4 Prozent erhöht werden.

(5) Anlage 14 Nummer 14.1 regelt die Grundleistungen jeder Leistungsphase und enthält Beispiele für Besondere Leistungen. Für Ingenieurbauwerke nach § 41 Nummer 6 und 7 sind die Grundleistungen der Tragwerksplanung zur Leistungsphase 1 im Leistungsbild der Ingenieurbauwerke gemäß § 43 enthalten.

§ 52 Honorare für Grundleistungen bei Tragwerksplanungen

(1) Für die in § 51 und der Anlage 14 Nummer 14.1 genannten Grundleistungen der Tragwerksplanungen sind die in der nachstehenden Honorartafel aufgeführten Honorarspannen Orientierungswerte:

Anrechenbare Kosten in Euro	Honorarzone I sehr geringe Anforderungen		Honorarzone II geringe Anforderungen		Honorarzone III durchschnittliche Anforderungen		Honorarzone IV hohe Anforderungen		Honorarzone V sehr hohe Anforderungen	
	von	bis	von	bis	von	bis	von	bis	von	bis
	Euro		Euro		Euro		Euro		Euro	
10.000	1.461	1.624	1.624	2.064	2.064	2.575	2.575	3.015	3.015	3.178
15.000	2.011	2.234	2.234	2.841	2.841	3.543	3.543	4.149	4.149	4.373
25.000	3.006	3.340	3.340	4.247	4.247	5.296	5.296	6.203	6.203	6.537
50.000	5.187	5.763	5.763	7.327	7.327	9.139	9.139	10.703	10.703	11.279
75.000	7.135	7.928	7.928	10.080	10.080	12.572	12.572	14.724	14.724	15.517
100.000	8.946	9.940	9.940	12.639	12.639	15.763	15.763	18.461	18.461	19.455
150.000	12.303	13.670	13.670	17.380	17.380	21.677	21.677	25.387	25.387	26.754
250.000	18.370	20.411	20.411	25.951	25.951	32.365	32.365	37.906	37.906	39.947
350.000	23.909	26.565	26.565	33.776	33.776	42.125	42.125	49.335	49.335	51.992
500.000	31.594	35.105	35.105	44.633	44.633	55.666	55.666	65.194	65.194	68.705
750.000	43.463	48.293	48.293	61.401	61.401	76.578	76.578	89.686	89.686	94.515
1.000.000	54.495	60.550	60.550	76.984	76.984	96.014	96.014	112.449	112.449	118.504
1.250.000	64.940	72.155	72.155	91.740	91.740	114.418	114.418	134.003	134.003	141.218
1.500.000	74.938	83.265	83.265	105.865	105.865	132.034	132.034	154.635	154.635	162.961
2.000.000	93.923	104.358	104.358	132.684	132.684	165.483	165.483	193.808	193.808	204.244
3.000.000	129.059	143.398	143.398	182.321	182.321	227.389	227.389	266.311	266.311	280.651
5.000.000	192.384	213.760	213.760	271.781	271.781	338.962	338.962	396.983	396.983	418.359
7.500.000	264.487	293.874	293.874	373.640	373.640	466.001	466.001	545.767	545.767	575.154
10.000.000	331.398	368.220	368.220	468.166	468.166	583.892	583.892	683.838	683.838	720.660
15.000.000	455.117	505.686	505.686	642.943	642.943	801.873	801.873	939.131	939.131	989.699

(2) Die Honorarzone wird nach dem statisch-konstruktiven Schwierigkeitsgrad anhand der in Anlage 14 Nummer 14.2 dargestellten Bewertungsmerkmale ermittelt.

(3) Sind für ein Tragwerk Bewertungsmerkmale aus mehreren Honorarzonen anwendbar und bestehen deswegen Zweifel, welcher Honorarzone das Tragwerk zugeordnet werden kann, so ist für die Zuordnung die Mehrzahl der in den jeweiligen Honorarzonen nach Absatz 2 aufgeführten Bewertungsmerkmale und ihre Bedeutung im Einzelfall maßgebend.

(4) Für Umbauten und Modernisierungen kann bei einem durchschnittlichen Schwierigkeitsgrad ein Zuschlag gemäß § 6 Absatz 2 Satz 3 bis 50 Prozent in Textform vereinbart werden.

Abschnitt 2 Technische Ausrüstung

§ 53 Anwendungsbereich

(1) Die Leistungen der Technischen Ausrüstung umfassen die Fachplanungen für Objekte.

(2) Zur Technischen Ausrüstung gehören folgende Anlagengruppen:
1. Abwasser-, Wasser- und Gasanlagen,
2. Wärmeversorgungsanlagen,
3. Lufttechnische Anlagen,
4. Starkstromanlagen,
5. Fernmelde- und informationstechnische Anlagen,
6. Förderanlagen,
7. nutzungsspezifische Anlagen und verfahrenstechnische Anlagen,
8. Gebäudeautomation und Automation von Ingenieurbauwerken.

§ 54 Besondere Grundlagen des Honorars

(1) Das Honorar für Grundleistungen bei der Technischen Ausrüstung richtet sich für das jeweilige Objekt im Sinne des § 2 Absatz 1 Satz 1 nach der Summe der anrechenbaren Kosten der Anlagen jeder Anlagengruppe. Dies gilt für nutzungsspezifische Anlagen nur, wenn die Anlagen funktional gleichartig sind. Anrechenbar sind auch sonstige Maßnahmen für Technische Anlagen.

(2) Umfasst ein Auftrag für unterschiedliche Objekte im Sinne des § 2 Absatz 1 Satz 1 mehrere Anlagen, die unter funktionalen und technischen Kriterien eine Einheit bilden, werden die anrechenbaren Kosten der Anlagen jeder Anlagengruppe zusammengefasst. Dies gilt für nutzungsspezifische Anlagen nur, wenn diese Anlagen funktional gleichartig sind. § 11 Absatz 1 ist nicht anzuwenden.

(3) Umfasst ein Auftrag im Wesentlichen gleiche Anlagen, die unter weitgehend vergleichbaren Bedingungen für im Wesentlichen gleiche Objekte geplant werden, ist die Rechtsfolge des § 11 Absatz 3 anzuwenden. Umfasst ein Auftrag im Wesentlichen gleiche Anlagen, die bereits Gegenstand eines anderen Vertrags zwischen den Vertragsparteien waren, ist die Rechtsfolge des § 11 Absatz 4 anzuwenden.

(4) Nicht anrechenbar sind die Kosten für die nichtöffentliche Erschließung und die Technischen Anlagen in Außenanlagen, soweit der Auftragnehmer diese nicht plant oder ihre Ausführung nicht überwacht.

(5) Werden Teile der Technischen Ausrüstung in Baukonstruktionen ausgeführt, so können die Vertragsparteien in Textform vereinbaren, dass die Kosten hierfür ganz oder teilweise zu den anrechenbaren Kosten gehören. Satz 1 ist entsprechend für Bauteile der Kostengruppe Baukonstruktionen anzuwenden, deren Abmessung oder Konstruktion durch die Leistung der Technischen Ausrüstung wesentlich beeinflusst wird.

§ 55 Leistungsbild Technische Ausrüstung

(1) Das Leistungsbild Technische Ausrüstung umfasst Grundleistungen für Neuanlagen, Wiederaufbauten, Erweiterungsbauten, Umbauten, Modernisierungen, Instandhaltungen und Instandsetzungen. Die Grundleistungen bei der Technischen Ausrüstung sind in neun Leistungsphasen zusammengefasst und werden wie folgt in Prozentsätzen der Honorare des § 56 bewertet:

1. für die Leistungsphase 1 (Grundlagenermittlung) mit 2 Prozent,
2. für die Leistungsphase 2 (Vorplanung) mit 9 Prozent,
3. für die Leistungsphase 3 (Entwurfsplanung) mit 17 Prozent,
4. für die Leistungsphase 4 (Genehmigungsplanung) mit 2 Prozent,
5. für die Leistungsphase 5 (Ausführungsplanung) mit 22 Prozent,
6. für die Leistungsphase 6 (Vorbereitung der Vergabe) mit 7 Prozent,
7. für die Leistungsphase 7 (Mitwirkung bei der Vergabe) mit 5 Prozent,
8. für die Leistungsphase 8 (Objektüberwachung – Bauüberwachung) mit 35 Prozent,
9. für die Leistungsphase 9 (Objektbetreuung) mit 1 Prozent.

(2) Die Leistungsphase 5 ist abweichend von Absatz 1 Satz 2 mit einem Abschlag von jeweils 4 Prozent zu bewerten, sofern das Anfertigen von Schlitz- und Durchbruchsplänen oder das Prüfen der Montage- und Werkstattpläne der ausführenden Firmen nicht in Auftrag gegeben wird.

(3) Anlage 15 Nummer 15.1 regelt die Grundleistungen jeder Leistungsphase und enthält Beispiele für Besondere Leistungen.

§ 56 Honorare für Grundleistungen der Technischen Ausrüstung

(1) Für die in § 55 und der Anlage 15 Nummer 15.1 genannten Grundleistungen bei einzelnen Anlagen sind die in der nachstehenden Honorartafel aufgeführten Honorarspannen Orientierungswerte:

Anrechenbare Kosten in Euro	Honorarzone I geringe Anforderungen		Honorarzone II durchschnittliche Anforderungen		Honorarzone III hohe Anforderungen	
	von	bis	von	bis	von	bis
	Euro		Euro		Euro	
5.000	2.132	2.547	2.547	2.990	2.990	3.405
10.000	3.689	4.408	4.408	5.174	5.174	5.893
15.000	5.084	6.075	6.075	7.131	7.131	8.122
25.000	7.615	9.098	9.098	10.681	10.681	12.164
35.000	9.934	11.869	11.869	13.934	13.934	15.869
50.000	13.165	15.729	15.729	18.465	18.465	21.029
75.000	18.122	21.652	21.652	25.418	25.418	28.948
10.0000	22.723	27.150	27.150	31.872	31.872	36.299
15.0000	31.228	37.311	37.311	43.800	43.800	49.883
250.000	46.640	55.726	55.726	65.418	65.418	74.504
500.000	80.684	96.402	96.402	113.168	113.168	128.886
750.000	111.105	132.749	132.749	155.836	155.836	177.480
1.000.000	139.347	166.493	166.493	195.448	195.448	222.594
1.250.000	166.043	198.389	198.389	232.891	232.891	265.237
1.500.000	191.545	228.859	228.859	268.660	268.660	305.974
2.000.000	239.792	286.504	286.504	336.331	336.331	383.044
2.500.000	285.649	341.295	341.295	400.650	400.650	456.296
3.000.000	329.420	393.593	393.593	462.044	462.044	526.217
3.500.000	371.491	443.859	443.859	521.052	521.052	593.420
4.000.000	412.126	492.410	492.410	578.046	578.046	658.331

(2) Welchen Honorarzonen die Grundleistungen zugeordnet werden, richtet sich nach folgenden Bewertungsmerkmalen:

1. Anzahl der Funktionsbereiche,
2. Integrationsansprüche,
3. technische Ausgestaltung,
4. Anforderungen an die Technik,
5. konstruktive Anforderungen.

(3) Für die Zuordnung zu den Honorarzonen ist die Objektliste der Anlage 15 Nummer 15.2 zu berücksichtigen.

(4) Werden Anlagen einer Gruppe verschiedenen Honorarzonen zugeordnet, so ergibt sich das Honorar nach Absatz 1 aus der Summe der Einzelhonorare. Ein Einzelhonorar wird dabei für alle Anlagen ermittelt, die einer Honorarzone zugeordnet werden. Für die Ermittlung des Einzelhonorars ist zunächst das Honorar für die Anlagen jeder Honorarzone zu berechnen, das sich ergeben würde, wenn die gesamten anrechenbaren Kosten der Anlagengruppe nur der Honorarzone zugeordnet würden, für die das Einzelhonorar berechnet wird. Das Einzelhonorar ist dann nach dem Verhältnis der Summe der anrechenbaren Kosten der Anlagen einer Honorarzone zu den gesamten anrechenbaren Kosten der Anlagengruppe zu ermitteln.

(5) Für Umbauten und Modernisierungen kann bei einem durchschnittlichen Schwierigkeitsgrad ein Zuschlag gemäß § 6 Absatz 2 Satz 3 bis 50 Prozent in Textform vereinbart werden.

Teil 5 Übergangs- und Schlussvorschriften

§ 57 Übergangsvorschrift

(1) Diese Verordnung ist nicht auf Grundleistungen anzuwenden, die vor dem 17. Juli 2013 vertraglich vereinbart wurden; insoweit bleiben die bisherigen Vorschriften anwendbar.

(2) Die durch die Erste Verordnung zur Änderung der Honorarordnung für Architekten und Ingenieure vom 2. Dezember 2020 (BGBl. I S. 2636) geänderten Vorschriften sind erst auf diejenigen Vertragsverhältnisse anzuwenden, die nach Ablauf des 31. Dezember 2020 begründet worden sind.

§ 58 Inkrafttreten, Außerkrafttreten

Diese Verordnung tritt am Tag nach der Verkündung in Kraft. Gleichzeitig tritt die Honorarordnung für Architekten und Ingenieure vom 11. August 2009 (BGBl. I S. 2732) außer Kraft.

Anlage 1 Weitere Fachplanungs- und Beratungsleistungen (zu § 3 Absatz 1)

1.1 Umweltverträglichkeitsstudie

1.1.1 Leistungsbild Umweltverträglichkeitsstudie

(1) Die Grundleistungen bei Umweltverträglichkeitsstudien sind in vier Leistungsphasen unterteilt und werden wie folgt in Prozentsätzen der Honorare in Nummer 1.1.2 bewertet:

1. für die Leistungsphase 1 (Klären der Aufgabenstellung und Ermitteln des Leistungsumfangs) mit 3 Prozent,
2. für die Leistungsphase 2 (Grundlagenermittlung) mit 37 Prozent,
3. für die Leistungsphase 3 (Vorläufige Fassung) mit 50 Prozent,
4. für die Leistungsphase 4 (Abgestimmte Fassung) mit 10 Prozent.

(2) Das Leistungsbild setzt sich wie folgt zusammen:

Leistungsphase 1: Klären der Aufgabenstellung und Ermitteln des Leistungsumfangs
- Zusammenstellen und Prüfen der vom Auftraggeber zur Verfügung gestellten untersuchungsrelevanten Unterlagen,
- Ortsbesichtigungen,
- Abgrenzen der Untersuchungsräume,
- Ermitteln der Untersuchungsinhalte,
- Konkretisieren weiteren Bedarfs an Daten und Unterlagen,
- Beraten zum Leistungsumfang für ergänzende Untersuchungen und Fachleistungen,
- Aufstellen eines verbindlichen Arbeitsplans unter Berücksichtigung der sonstigen Fachbeiträge.

Leistungsphase 2: Grundlagenermittlung
- Ermitteln und Beschreiben der untersuchungsrelevanten Sachverhalte auf Grund vorhandener Unterlagen,
- Beschreiben der Umwelt einschließlich des rechtlichen Schutzstatus, der fachplanerischen Vorgaben und Ziele sowie der für die Bewertung relevanten Funktionselemente für jedes Schutzgut einschließlich der Wechselwirkungen,
- Beschreiben der vorhandenen Beeinträchtigungen der Umwelt,
- Bewerten der Funktionselemente und der Leistungsfähigkeit der einzelnen Schutzgüter hinsichtlich ihrer Bedeutung und Empfindlichkeit,
- Raumwiderstandsanalyse, soweit nach Art des Vorhabens erforderlich, einschließlich des Ermittelns konfliktarmer Bereiche,
- Darstellen von Entwicklungstendenzen des Untersuchungsraums für den Prognose-Null-Fall,

- Überprüfen der Abgrenzung des Untersuchungsraums und der Untersuchungsinhalte,
- Zusammenfassendes Darstellen der Erfassung und Bewertung als Grundlage für die Erörterung mit dem Auftraggeber.

Leistungsphase 3: Vorläufige Fassung
- Ermitteln und Beschreiben der Umweltauswirkungen und Erstellen der vorläufigen Fassung,
- Mitwirken bei der Entwicklung und der Auswahl vertieft zu untersuchender planerischer Lösungen,
- Mitwirken bei der Optimierung von bis zu drei planerischen Lösungen (Hauptvarianten) zur Vermeidung von Beeinträchtigungen,
- Ermitteln, Beschreiben und Bewerten der unmittelbaren und mittelbaren Auswirkungen von bis zu drei planerischen Lösungen (Hauptvarianten) auf die Schutzgüter im Sinne des Gesetzes über die Umweltverträglichkeitsprüfung vom 24. Februar 2010 (BGBl. I S. 94) einschließlich der Wechselwirkungen,
- Einarbeiten der Ergebnisse vorhandener Untersuchungen zum Gebiets- und Artenschutz sowie zum Boden- und Wasserschutz,
- Vergleichendes Darstellen und Bewerten der Auswirkungen von bis zu drei planerischen Lösungen,
- Zusammenfassendes vergleichendes Bewerten des Projekts mit dem Prognose-Null-Fall,
- Erstellen von Hinweisen auf Maßnahmen zur Vermeidung und Verminderung von Beeinträchtigungen sowie zur Ausgleichbarkeit der unvermeidbaren Beeinträchtigungen,
- Erstellen von Hinweisen auf Schwierigkeiten bei der Zusammenstellung der Angaben,
- Zusammenführen und Darstellen der Ergebnisse als vorläufige Fassung in Text und Karten einschließlich des Herausarbeitens der grundsätzlichen Lösung der wesentlichen Teile der Aufgabe,
- Abstimmen der Vorläufigen Fassung mit dem Auftraggeber.

Leistungsphase 4: Abgestimmte Fassung

Darstellen der mit dem Auftraggeber abgestimmten Fassung der Umweltverträglichkeitsstudie in Text und Karte einschließlich einer Zusammenfassung.

(3) Im Leistungsbild Umweltverträglichkeitsstudie können insbesondere die Besonderen Leistungen der Anlage 9 Anwendung finden.

1.1.2 Honorare für Grundleistungen bei Umweltverträglichkeitsstudien

(1) Für die in Nummer 1.1.1 genannten Grundleistungen bei Umweltverträglichkeitsstudien sind die in der nachstehenden Honorartafel aufgeführten Honorarspannen Orientierungswerte:

Fläche in Hektar	Honorarzone I geringe Anforderungen		Honorarzone II durchschnittliche Anforderungen		Honorarzone III hohe Anforderungen	
	von	bis	von	bis	von	bis
	Euro		Euro		Euro	
50	10.176	12.862	12.862	15.406	15.406	18.091
100	14.972	18.923	18.923	22.666	22.666	26.617
150	18.942	23.940	23.940	28.676	28.676	33.674
200	22.454	28.380	28.380	33.994	33.994	39.919
300	28.644	36.203	36.203	43.364	43.364	50.923
400	34.117	43.120	43.120	51.649	51.649	60.653
500	39.110	49.431	49.431	59.209	59.209	69.530
750	50.211	63.461	63.461	76.014	76.014	89.264
1.000	60.004	75.838	75.838	90.839	90.839	106.674
1.500	77.182	97.550	97.550	116.846	116.846	137.213
2.000	92.278	116.629	116.629	139.698	139.698	164.049
2.500	105.963	133.925	133.925	160.416	160.416	188.378
3.000	118.598	149.895	149.895	179.544	179.544	210.841
4.000	141.533	178.883	178.883	214.266	214.266	251.615
5.000	162.148	204.937	204.937	245.474	245.474	288.263
6.000	182.186	230.263	230.263	275.810	275.810	323.887
7.000	201.072	254.133	254.133	304.401	304.401	357.461
8.000	218.466	276.117	276.117	330.734	330.734	388.384
9.000	234.394	296.247	296.247	354.846	354.846	416.700
10.000	249.492	315.330	315.330	377.704	377.704	443.542

(2) Das Honorar für die Erstellung von Umweltverträglichkeitsstudien berechnet sich nach der Gesamtfläche des Untersuchungsraums in Hektar und nach der Honorarzone.

(3) Umweltverträglichkeitsstudien sind folgenden Honorarzonen zuzuordnen:
1. Honorarzone I (geringe Anforderungen),
2. Honorarzone II (durchschnittliche Anforderungen),
3. Honorarzone III (hohe Anforderungen).

(4) Die Zuordnung zu den Honorarzonen ist anhand folgender Bewertungsmerkmale für zu erwartende nachteilige Auswirkungen auf die Umwelt zu ermitteln:
1. Bedeutung des Untersuchungsraums für die Schutzgüter im Sinne des Gesetzes über die Umweltverträglichkeitsprüfung (UVPG),
2. Ausstattung des Untersuchungsraums mit Schutzgebieten,
3. Landschaftsbild und -struktur,
4. Nutzungsansprüche,
5. Empfindlichkeit des Untersuchungsraums gegenüber Umweltbelastungen und -beeinträchtigungen,
6. Intensität und Komplexität potenzieller nachteiliger Wirkfaktoren auf die Umwelt.

(5) Sind für eine Umweltverträglichkeitsstudie Bewertungsmerkmale aus mehreren Honorarzonen anwendbar und bestehen deswegen Zweifel, welcher Honorarzone die Umweltverträglichkeitsstudie zugeordnet werden kann, ist die Anzahl der Bewertungspunkte nach Absatz 4 zu ermitteln; die Umweltverträglichkeitsstudie ist nach der Summe der Bewertungspunkte folgenden Honorarzonen zuzuordnen:
1. Honorarzone I: Umweltverträglichkeitsstudien mit bis zu 16 Punkten,
2. Honorarzone II: Umweltverträglichkeitsstudien mit 17 bis 30 Punkten,
3. Honorarzone III: Umweltverträglichkeitsstudien mit 31 bis 42 Punkten.

(6) Bei der Zuordnung einer Umweltverträglichkeitsstudie zu den Honorarzonen werden nach dem Schwierigkeitsgrad der Anforderungen die Bewertungsmerkmale wie folgt gewichtet:
1. die Bewertungsmerkmale gemäß Absatz 4 Nummer 1 bis 4 mit je bis zu 6 Punkten und
2. die Bewertungsmerkmale gemäß Absatz 4 Nummer 5 und 6 mit je bis zu 9 Punkten.

(7) Wird die Größe des Untersuchungsraums während der Leistungserbringung geändert, so ist das Honorar für die Leistungsphasen, die bis zur Änderung noch nicht erbracht sind, nach der geänderten Größe des Untersuchungsraums zu berechnen.

1.2 Bauphysik

1.2.1 Anwendungsbereich

(1) Zu den Grundleistungen für Bauphysik gehören:
- Wärmeschutz und Energiebilanzierung,
- Bauakustik (Schallschutz),
- Raumakustik.

(2) Wärmeschutz und Energiebilanzierung umfassen den Wärmeschutz von Gebäuden und Ingenieurbauwerken und die fachübergreifende Energiebilanzierung.

(3) Die Bauakustik umfasst den Schallschutz von Objekten zur Erreichung eines regelgerechten Luft- und Trittschallschutzes und zur Begrenzung der von außen einwirkenden Geräusche sowie der Geräusche von Anlagen der Technischen Ausrüstung. Dazu gehört auch der Schutz der Umgebung vor schädlichen Umwelteinwirkungen durch Lärm (Schallimmissionsschutz).

(4) Die Raumakustik umfasst die Beratung zu Räumen mit besonderen raumakustischen Anforderungen.

(5) Die Besonderen Grundlagen der Honorare werden gesondert in den Teilgebieten Wärmeschutz und Energiebilanzierung, Bauakustik, Raumakustik aufgeführt.

1.2.2 Leistungsbild Bauphysik

(1) Die Grundleistungen für Bauphysik sind in sieben Leistungsphasen unterteilt und werden wie folgt in Prozentsätzen der Honorare in Nummer 1.2.3 bewertet:

1. für die Leistungsphase 1 (Grundlagenermittlung) mit 3 Prozent,
2. für die Leistungsphase 2 (Mitwirken bei der Vorplanung) mit 20 Prozent,
3. für die Leistungsphase 3 (Mitwirken bei der Entwurfsplanung) mit 40 Prozent,
4. für die Leistungsphase 4 (Mitwirken bei der Genehmigungsplanung) mit 6 Prozent,
5. für die Leistungsphase 5 (Mitwirken bei der Ausführungsplanung) mit 27 Prozent,
6. für die Leistungsphase 6 (Mitwirken bei der Vorbereitung der Vergabe) mit 2 Prozent,
7. für die Leistungsphase 7 (Mitwirken bei der Vergabe) mit 2 Prozent.

(2) Das Leistungsbild setzt sich wie folgt zusammen:

Grundleistungen	Besondere Leistungen
LPH 1 Grundlagenermittlung	
a) Klären der Aufgabenstellung b) Festlegen der Grundlagen, Vorgaben und Ziele	– Mitwirken bei der Ausarbeitung von Auslobungen und bei Vorprüfungen für Wettbewerbe – Bestandsaufnahme bestehender Gebäude, Ermitteln und Bewerten von Kennwerten – Schadensanalyse bestehender Gebäude – Mitwirken bei Vorgaben für Zertifizierungen
LPH 2 Mitwirkung bei der Vorplanung	
a) Analyse der Grundlagen b) Klären der wesentlichen Zusammenhänge von Gebäuden und technischen Anlagen einschließlich Betrachtung von Alternativen c) Vordimensionieren der relevanten Bauteile des Gebäudes d) Mitwirken beim Abstimmen der fachspezifischen Planungskonzepte der Objektplanung und der Fachplanungen e) Erstellen eines Gesamtkonzeptes in Abstimmung mit der Objektplanung und den Fachplanungen f) Erstellen von Rechenmodellen, Auflisten der wesentlichen Kennwerte als Arbeitsgrundlage für Objektplanung und Fachplanungen	– Mitwirken beim Klären von Vorgaben für Fördermaßnahmen und bei deren Umsetzung – Mitwirken an Projekt-, Käufer- oder Mieterbaubeschreibungen – Erstellen eines fachübergreifenden Bauteilkatalogs
LPH 3 Mitwirkung bei der Entwurfsplanung	
a) Fortschreiben der Rechenmodelle und der wesentlichen Kennwerte für das Gebäude b) Mitwirken beim Fortschreiben der Planungskonzepte der Objektplanung und Fachplanung bis zum vollständigen Entwurf c) Bemessen der Bauteile des Gebäudes d) Erarbeiten von Übersichtsplänen und des Erläuterungsberichtes mit Vorgaben, Grundlagen und Auslegungsdaten	– Simulationen zur Prognose des Verhaltens von Bauteilen, Räumen, Gebäuden und Freiräumen
LPH 4 Mitwirkung bei der Genehmigungsplanung	
a) Mitwirken beim Aufstellen der Genehmigungsplanung und bei Vorgesprächen mit Behörden b) Aufstellen der förmlichen Nachweise c) Vervollständigen und Anpassen der Unterlagen	– Mitwirken bei Vorkontrollen in Zertifizierungsprozessen – Mitwirken beim Einholen von Zustimmungen im Einzelfall

Grundleistungen	Besondere Leistungen
LPH 5 Mitwirkung bei der Ausführungsplanung	
a) Durcharbeiten der Ergebnisse der Leistungsphasen 3 und 4 unter Beachtung der durch die Objektplanung integrierten Fachplanungen b) Mitwirken bei der Ausführungsplanung durch ergänzende Angaben für die Objektplanung und Fachplanungen	– Mitwirken beim Prüfen und Anerkennen der Montage- und Werkstattplanung der ausführenden Unternehmen auf Übereinstimmung mit der Ausführungsplanung
LPH 6 Mitwirkung bei der Vorbereitung der Vergabe	
Beiträge zu Ausschreibungsunterlagen	
LPH 7 Mitwirkung bei der Vergabe	
Mitwirken beim Prüfen und Bewerten der Angebote auf Erfüllung der Anforderungen	– Prüfen von Nebenangeboten
LPH 8 Objektüberwachung und Dokumentation	
	– Mitwirken bei der Baustellenkontrolle – Messtechnisches Überprüfen der Qualität der Bauausführung und von Bauteil- oder Raumeigenschaften
LPH 9 Objektbetreuung	
	– Mitwirken bei Audits in Zertifizierungsprozessen

1.2.3 Honorare für Grundleistungen für Wärmeschutz und Energiebilanzierung

(1) Das Honorar für die Grundleistungen nach Nummer 1.2.2 Absatz 2 richtet sich nach den anrechenbaren Kosten des Gebäudes gemäß § 33 nach der Honorarzone nach § 35, der das Gebäude zuzuordnen ist, und nach der Honorartafel in Absatz 2.

(2) Für die in Nummer 1.2.2 Absatz 2 genannten Grundleistungen für Wärmeschutz und Energiebilanzierung sind die in der nachstehenden Honorartafel aufgeführten Honorarspannen Orientierungswerte:

Anrechenbare Kosten in Euro	Honorarzone I sehr geringe Anforderungen		Honorarzone II geringe Anforderungen		Honorarzone III durchschnittliche Anforderungen		Honorarzone IV hohe Anforderungen		Honorarzone V sehr hohe Anforderungen	
	von	bis	von	bis	von	bis	von	bis	von	bis
	Euro		Euro		Euro		Euro		Euro	
250.000	1.757	2.023	2.023	2.395	2.395	2.928	2.928	3.300	3.300	3.566
275.000	1.789	2.061	2.061	2.440	2.440	2.982	2.982	3.362	3.362	3.633
300.000	1.821	2.097	2.097	2.484	2.484	3.036	3.036	3.422	3.422	3.698
350.000	1.883	2.168	2.168	2.567	2.567	3.138	3.138	3.537	3.537	3.822
400.000	1.941	2.235	2.235	2.647	2.647	3.235	3.235	3.646	3.646	3.941
500.000	2.049	2.359	2.359	2.793	2.793	3.414	3.414	3.849	3.849	4.159
600.000	2.146	2.471	2.471	2.926	2.926	3.576	3.576	4.031	4.031	4.356
750.000	2.273	2.617	2.617	3.099	3.099	3.788	3.788	4.270	4.270	4.614
1.000.000	2.440	2.809	2.809	3.327	3.327	4.066	4.066	4.583	4.583	4.953
1.250.000	2.748	3.164	3.164	3.747	3.747	4.579	4.579	5.162	5.162	5.579
1.500.000	3.050	3.512	3.512	4.159	4.159	5.083	5.083	5.730	5.730	6.192
2.000.000	3.639	4.190	4.190	4.962	4.962	6.065	6.065	6.837	6.837	7.388
2.500.000	4.213	4.851	4.851	5.745	5.745	7.022	7.022	7.916	7.916	8.554
3.500.000	5.329	6.136	6.136	7.266	7.266	8.881	8.881	10.012	10.012	10.819
5.000.000	6.944	7.996	7.996	9.469	9.469	11.573	11.573	13.046	13.046	14.098
7.500.000	9.532	10.977	10.977	12.999	12.999	15.887	15.887	17.909	17.909	19.354
10.000.000	12.033	13.856	13.856	16.408	16.408	20.055	20.055	22.607	22.607	24.430
15.000.000	16.856	19.410	19.410	22.986	22.986	28.094	28.094	31.670	31.670	34.224
20.000.000	21.516	24.776	24.776	29.339	29.339	35.859	35.859	40.423	40.423	43.683
25.000.000	26.056	30.004	30.004	35.531	35.531	43.427	43.427	48.954	48.954	52.902

(3) Für Umbauten und Modernisierungen kann bei einem durchschnittlichen Schwierigkeitsgrad ein Zuschlag gemäß § 6 Absatz 2 Satz 3 bis 33 Prozent auf das Honorar in Textform vereinbart werden.

1.2.4 Honorare für Grundleistungen der Bauakustik

(1) Für Grundleistungen der Bauakustik sind die Kosten für Baukonstruktionen und Anlagen der Technischen Ausrüstung anrechenbar. Der Umfang der mitzuverarbeitenden Bausubstanz kann angemessen berücksichtigt werden.

(2) Die Vertragsparteien können vereinbaren, dass die Kosten für besondere Bauausführungen ganz oder teilweise zu den anrechenbaren Kosten gehören, wenn hierdurch dem Auftragnehmer ein erhöhter Arbeitsaufwand entsteht.

(3) Für die in Nummer 1.2.2 Absatz 2 genannten Grundleistungen der Bauakustik sind die in der nachstehenden Honorartafel aufgeführten Honorarspannen Orientierungswerte:

Anrechenbare Kosten in Euro	Honorarzone I geringe Anforderungen		Honorarzone II durchschnittliche Anforderungen		Honorarzone III hohe Anforderungen	
	von	bis	von	bis	von	bis
	Euro		Euro		Euro	
250.000	1.729	1.985	1.985	2.284	2.284	2.625
275.000	1.840	2.113	2.113	2.431	2.431	2.794
300.000	1.948	2.237	2.237	2.574	2.574	2.959
350.000	2.156	2.475	2.475	2.847	2.847	3.273
400.000	2.353	2.701	2.701	3.108	3.108	3.573
500.000	2.724	3.127	3.127	3.598	3.598	4.136
600.000	3.069	3.524	3.524	4.055	4.055	4.661
750.000	3.553	4.080	4.080	4.694	4.694	5.396
1.000.000	4.291	4.927	4.927	5.669	5.669	6.516
1.250.000	4.968	5.704	5.704	6.563	6.563	7.544
1.500.000	5.599	6.429	6.429	7.397	7.397	8.503
2.000.000	6.763	7.765	7.765	8.934	8.934	10.270
2.500.000	7.830	8.990	8.990	10.343	10.343	11.890
3.500.000	9.766	11.213	11.213	12.901	12.901	14.830
5.000.000	12.345	14.174	14.174	16.307	16.307	18.746
7.500.000	16.114	18.502	18.502	21.287	21.287	24.470
10.000.000	19.470	22.354	22.354	25.719	25.719	29.565
15.000.000	25.422	29.188	29.188	33.582	33.582	38.604
20.000.000	30.722	35.273	35.273	40.583	40.583	46.652
25.000.000	35.585	40.857	40.857	47.008	47.008	54.037

(4) Für Umbauten und Modernisierungen kann bei einem durchschnittlichen Schwierigkeitsgrad ein Zuschlag gemäß § 6 Absatz 2 Satz 3 bis 33 Prozent auf das Honorar in Textform vereinbart werden.

(5) Die Leistungen der Bauakustik werden den Honorarzonen anhand folgender Bewertungsmerkmale zugeordnet:
1. Art der Nutzung,
2. Anforderungen des Immissionsschutzes,
3. Anforderungen des Emissionsschutzes,
4. Art der Hüllkonstruktion, Anzahl der Konstruktionstypen,
5. Art und Intensität der Außenlärmbelastung,
6. Art und Umfang der Technischen Ausrüstung.

(6) § 52 Absatz 3 ist sinngemäß anzuwenden.

(7) Objektliste für die Bauakustik

Die nachstehend aufgeführten Innenräume werden in der Regel den Honorarzonen wie folgt zugeordnet:

	Honorarzone		
Objektliste – Bauakustik	I	II	III
Wohnhäuser, Heime, Schulen, Verwaltungsgebäude oder Banken mit jeweils durchschnittlicher Technischer Ausrüstung oder entsprechendem Ausbau	x		
Heime, Schulen, Verwaltungsgebäude mit jeweils überdurchschnittlicher Technischer Ausrüstung oder entsprechendem Ausbau		x	
Wohnhäuser mit versetzten Grundrissen		x	
Wohnhäuser mit Außenlärmbelastungen		x	
Hotels, soweit nicht in Honorarzone III erwähnt		x	
Universitäten oder Hochschulen		x	
Krankenhäuser, soweit nicht in Honorarzone III erwähnt		x	
Gebäude für Erholung, Kur oder Genesung		x	
Versammlungsstätten, soweit nicht in Honorarzone III erwähnt		x	
Werkstätten mit schutzbedürftigen Räumen		x	
Hotels mit umfangreichen gastronomischen Einrichtungen			x
Gebäude mit gewerblicher Nutzung oder Wohnnutzung			x
Krankenhäuser in bauakustisch besonders ungünstigen Lagen oder mit ungünstiger Anordnung der Versorgungseinrichtungen			x
Theater-, Konzert- oder Kongressgebäude			x
Tonstudios oder akustische Messräume			x

1.2.5 Honorare für Grundleistungen der Raumakustik

(1) Das Honorar für jeden Innenraum, für den Grundleistungen zur Raumakustik erbracht werden, richtet sich nach den anrechenbaren Kosten nach Absatz 2, nach der Honorarzone, der der Innenraum zuzuordnen ist, sowie nach der Honorartafel in Absatz 3.

(2) Für Grundleistungen der Raumakustik sind die Kosten für Baukonstruktionen und Technische Ausrüstung sowie die Kosten für die Ausstattung (DIN 276 – 1: 2008-12, Kostengruppe 610) des Innenraums anrechenbar. Die Kosten für die Baukonstruktionen und Technische Ausrüstung werden für die Anrechnung durch den Bruttorauminhalt des Gebäudes geteilt und mit dem Rauminhalt des Innenraums multipliziert. Der Umfang der mitzuverarbeitenden Bausubstanz kann angemessen berücksichtigt werden.

(3) Für die in Nummer 1.2.2 Absatz 2 genannten Grundleistungen der Raumakustik sind die in der nachstehenden Honorartafel aufgeführten Honorarspannen Orientierungswerte:

Anrechenbare Kosten in Euro	Honorarzone I sehr geringe Anforderungen		Honorarzone II geringe Anforderungen		Honorarzone III durchschnittliche Anforderungen		Honorarzone IV hohe Anforderungen		Honorarzone V sehr hohe Anforderungen	
	von	bis	von	bis	von	bis	von	bis	von	bis
	Euro		Euro		Euro		Euro		Euro	
50.000	1.714	2.226	2.226	2.737	2.737	3.279	3.279	3.790	3.790	4.301
75.000	1.805	2.343	2.343	2.882	2.882	3.452	3.452	3.990	3.990	4.528
100.000	1.892	2.457	2.457	3.021	3.021	3.619	3.619	4.183	4.183	4.748
150.000	2.061	2.676	2.676	3.291	3.291	3.942	3.942	4.557	4.557	5.171
200.000	2.225	2.888	2.888	3.551	3.551	4.254	4.254	4.917	4.917	5.581
250.000	2.384	3.095	3.095	3.806	3.806	4.558	4.558	5.269	5.269	5.980
300.000	2.540	3.297	3.297	4.055	4.055	4.857	4.857	5.614	5.614	6.371
400.000	2.844	3.693	3.693	4.541	4.541	5.439	5.439	6.287	6.287	7.136
500.000	3.141	4.078	4.078	5.015	5.015	6.007	6.007	6.944	6.944	7.881
750.000	3.860	5.011	5.011	6.163	6.163	7.382	7.382	8.533	8.533	9.684
1.000.000	4.555	5.913	5.913	7.272	7.272	8.710	8.710	10.069	10.069	11.427
1.500.000	5.896	7.655	7.655	9.413	9.413	11.275	11.275	13.034	13.034	14.792
2.000.000	7.193	9.338	9.338	11.483	11.483	13.755	13.755	15.900	15.900	18.045
2.500.000	8.457	10.979	10.979	13.501	13.501	16.172	16.172	18.694	18.694	21.217
3.000.000	9.696	12.588	12.588	15.479	15.479	18.541	18.541	21.433	21.433	24.325
4.000.000	12.115	15.729	15.729	19.342	19.342	23.168	23.168	26.781	26.781	30.395
5.000.000	14.474	18.791	18.791	23.108	23.108	27.679	27.679	31.996	31.996	36.313
6.000.000	16.786	21.793	21.793	26.799	26.799	32.100	32.100	37.107	37.107	42.113
7.000.000	19.060	24.744	24.744	30.429	30.429	36.448	36.448	42.133	42.133	47.817
7.500.000	20.184	26.204	26.204	32.224	32.224	38.598	38.598	44.618	44.618	50.638

(4) Für Umbauten und Modernisierungen kann bei einem durchschnittlichen Schwierigkeitsgrad ein Zuschlag gemäß § 6 Absatz 2 Satz 3 bis 33 Prozent auf das Honorar in Textform vereinbart werden.

(5) Innenräume werden nach den in Absatz 6 genannten Bewertungsmerkmalen folgenden Honorarzonen zugeordnet:
1. Honorarzone I: Innenräume mit sehr geringen Anforderungen,
2. Honorarzone II: Innenräume mit geringen Anforderungen,
3. Honorarzone III: Innenräume mit durchschnittlichen Anforderungen,
4. Honorarzone IV: Innenräume mit hohen Anforderungen,
5. Honorarzone V: Innenräume mit sehr hohen Anforderungen.

(6) Die Leistungen der Raumakustik werden den Honorarzonen anhand folgender Bewertungsmerkmale zugeordnet:
1. Anforderungen an die Einhaltung der Nachhallzeit,
2. Einhalten eines bestimmten Frequenzganges der Nachhallzeit,
3. Anforderungen an die räumliche und zeitliche Schallverteilung,
4. akustische Nutzungsart des Innenraums,
5. Veränderbarkeit der akustischen Eigenschaften des Innenraums.

(7) Objektliste für die Raumakustik

Die nachstehend aufgeführten Innenräume werden in der Regel den Honorarzonen wie folgt zugeordnet:

	Honorarzone				
Objektliste – Raumakustik	I	II	III	IV	V
Pausenhallen, Spielhallen, Liege- und Wandelhallen	x				
Großraumbüros		x			
Unterrichts-, Vortrags- und Sitzungsräume					
– bis 500 m^3		x			
– 500 bis 1.500 m^3			x		
– über 1.500 m^3				x	
Filmtheater					
– bis 1.000 m^3		x			
– 1.000 bis 3.000 m^3			x		
– über 3.000 m^3				x	
Kirchen					
– bis 1.000 m^3		x			
– 1.000 bis 3.000 m^3			x		
– über 3.000 m^3				x	
Sporthallen, Turnhallen					

	Honorarzone				
Objektliste – Raumakustik	I	II	III	IV	V
– nicht teilbar, bis 1.000 m³		x			
– teilbar, bis 3.000 m³			x		
Mehrzweckhallen					
– bis 3.000 m³				x	
– über 3.000 m³					x
Konzertsäle, Theater, Opernhäuser					x
Tonaufnahmeräume, akustische Messräume					x
Innenräume mit veränderlichen akustischen Eigenschaften					x

(8) § 52 Absatz 3 kann sinngemäß angewendet werden.

1.3 Geotechnik

1.3.1 Anwendungsbereich

(1) Die Leistungen für Geotechnik umfassen die Beschreibung und Beurteilung der Baugrund- und Grundwasserverhältnisse für Gebäude und Ingenieurbauwerke im Hinblick auf das Objekt und die Erarbeitung einer Gründungsempfehlung. Dazu gehört auch die Beschreibung der Wechselwirkung zwischen Baugrund und Bauwerk sowie die Wechselwirkung mit der Umgebung.

(2) Die Leistungen umfassen insbesondere das Festlegen von Baugrundkennwerten und von Kennwerten für rechnerische Nachweise zur Standsicherheit und Gebrauchstauglichkeit des Objektes, die Abschätzung zum Schwankungsbereich des Grundwassers sowie die Einordnung des Baugrunds nach bautechnischen Klassifikationsmerkmalen.

1.3.2 Besondere Grundlagen des Honorars

Das Honorar der Grundleistungen richtet sich nach den anrechenbaren Kosten der Tragwerksplanung nach § 50 Absatz 1 bis 3 für das gesamte Objekt aus Bauwerk und Baugrube.

1.3.3 Leistungsbild Geotechnik

(1) Grundleistungen umfassen die Beschreibung und Beurteilung der Baugrund- und Grundwasserverhältnisse sowie die daraus abzuleitenden Empfehlungen für die Gründung einschließlich der Angabe der Bemessungsgrößen für eine Flächen- oder Pfahlgründung, Hinweise zur Herstellung und Trockenhaltung der Baugrube und des Bauwerks, Angaben zur Auswirkung des Bau-

werks auf die Umgebung und auf Nachbarbauwerke sowie Hinweise zur Bauausführung. Die Darstellung der Inhalte erfolgt im Geotechnischen Bericht.

(2) Die Grundleistungen werden in folgenden Teilleistungen zusammengefasst und wie folgt in Prozentsätzen der Honorare der Nummer 1.3.4 bewertet:

1. für die Teilleistung a (Grundlagenermittlung und Erkundungskonzept) mit 15 Prozent,
2. für die Teilleistung b (Beschreiben der Baugrund- und Grundwasserverhältnisse) mit 35 Prozent,
3. für die Teilleistung c (Beurteilung der Baugrund- und Grundwasserverhältnisse, Empfehlungen, Hinweise, Angaben zur Bemessung der Gründung) mit 50 Prozent.

(3) Das Leistungsbild setzt sich wie folgt zusammen:

Grundleistungen	Besondere Leistungen
Geotechnischer Bericht	
a) Grundlagenermittlung und Erkundungskonzept – Klären der Aufgabenstellung, Ermitteln der Baugrund- und Grundwasserverhältnisse auf Basis vorhandener Unterlagen – Festlegen und Darstellen der erforderlichen Baugrunderkundungen b) Beschreiben der Baugrund- und Grundwasserverhältnisse – Auswerten und Darstellen der Baugrunderkundungen sowie der Labor- und Felduntersuchungen – Abschätzen des Schwankungsbereichs von Wasserständen und/oder Druckhöhen im Boden – Klassifizieren des Baugrunds und Festlegen der Baugrundkennwerte c) Beurteilung der Baugrund- und Grundwasserverhältnisse, Empfehlungen, Hinweise, Angaben zur Bemessung der Gründung – Beurteilung des Baugrunds – Empfehlung für die Gründung mit Angabe der geotechnischen Bemessungsparameter (zum Beispiel Angaben zur Bemessung einer Flächen- oder Pfahlgründung)	– Beschaffen von Bestandsunterlagen – Vorbereiten und Mitwirken bei der Vergabe von Aufschlussarbeiten und deren Überwachung – Veranlassen von Labor- und Felduntersuchungen – Aufstellen von geotechnischen Berechnungen zur Standsicherheit oder Gebrauchstauglichkeit, wie zum Beispiel Setzungs-, Grundbruch- und Geländebruchberechnungen – Aufstellen von hydrogeologischen, geohydraulischen und besonderen numerischen Berechnungen – Beratung zu Dränanlagen, Anlagen zur Grundwasserabsenkung oder sonstigen ständigen oder bauzeitlichen Eingriffen in das Grundwasser – Beratung zu Probebelastungen sowie fachtechnisches Betreuen und Auswerten – geotechnische Beratung zu Gründungselementen, Baugruben- oder Hangsicherungen und Erdbauwerken, Mitwirkung bei der Beratung zur Sicherung von Nachbarbauwerken

Grundleistungen	Besondere Leistungen
– Angabe der zu erwartenden Setzungen für die vom Tragwerksplaner im Rahmen der Entwurfsplanung nach § 49 zu erbringenden Grundleistungen – Hinweise zur Herstellung und Trockenhaltung der Baugrube und des Bauwerks sowie Angaben zur Auswirkung der Baumaßnahme auf Nachbarbauwerke – Allgemeine Angaben zum Erdbau – Angaben zur geotechnischen Eignung von Aushubmaterial zur Wiederverwendung bei der betreffenden Baumaßnahme sowie Hinweise zur Bauausführung	– Untersuchungen zur Berücksichtigung dynamischer Beanspruchungen bei der Bemessung des Objekts oder seiner Gründung sowie Beratungsleistungen zur Vermeidung oder Beherrschung von dynamischen Einflüssen – Mitwirken bei der Bewertung von Nebenangeboten aus geotechnischer Sicht – Mitwirken während der Planung oder Ausführung des Objekts sowie Besprechungs- und Ortstermine – geotechnische Freigaben

1.3.4 Honorare Geotechnik

(1) Für die in Nummer 1.3.3 Absatz 3 genannten Grundleistungen sind die in der nachstehenden Honorartafel aufgeführten Honorarspannen Orientierungswerte:

Anlage 1 (zu § 3 Absatz 1)

Anrechenbare Kosten in Euro	Honorarzone I sehr geringe Anforderungen		Honorarzone II geringe Anforderungen		Honorarzone III durchschnittliche Anforderungen		Honorarzone IV hohe Anforderungen		Honorarzone V sehr hohe Anforderungen	
	von	bis	von	bis	von	bis	von	bis	von	bis
	Euro		Euro		Euro		Euro		Euro	
50.000	789	1.222	1.222	1.654	1.654	2.105	2.105	2.537	2.537	2.970
75.000	951	1.472	1.472	1.993	1.993	2.537	2.537	3.058	3.058	3.579
100.000	1.086	1.681	1.681	2.276	2.276	2.896	2.896	3.491	3.491	4.086
125.000	1.204	1.863	1.863	2.522	2.522	3.210	3.210	3.869	3.869	4.528
150.000	1.309	2.026	2.026	2.742	2.742	3.490	3.490	4.207	4.207	4.924
200.000	1.494	2.312	2.312	3.130	3.130	3.984	3.984	4.802	4.802	5.621
300.000	1.800	2.786	2.786	3.772	3.772	4.800	4.800	5.786	5.786	6.772
400.000	2.054	3.179	3.179	4.304	4.304	5.478	5.478	6.603	6.603	7.728
500.000	2.276	3.522	3.522	4.768	4.768	6.069	6.069	7.315	7.315	8.561
750.000	2.740	4.241	4.241	5.741	5.741	7.307	7.307	8.808	8.808	10.308
1.000.000	3.125	4.836	4.836	6.548	6.548	8.334	8.334	10.045	10.045	11.756
1.500.000	3.765	5.827	5.827	7.889	7.889	10.041	10.041	12.103	12.103	14.165
2.000.000	4.297	6.650	6.650	9.003	9.003	11.459	11.459	13.812	13.812	16.165
3.000.000	5.175	8.009	8.009	10.842	10.842	13.799	13.799	16.633	16.633	19.467
5.000.000	6.535	10.114	10.114	13.693	13.693	17.428	17.428	21.007	21.007	24.586
7.500.000	7.878	12.192	12.192	16.506	16.506	21.007	21.007	25.321	25.321	29.635
10.000.000	8.994	13.919	13.919	18.844	18.844	23.983	23.983	28.909	28.909	33.834
15.000.000	10.839	16.775	16.775	22.711	22.711	28.905	28.905	34.840	34.840	40.776
20.000.000	12.373	19.148	19.148	25.923	25.923	32.993	32.993	39.769	39.769	46.544
25.000.000	13.708	21.215	21.215	28.722	28.722	36.556	36.556	44.063	44.063	51.570

(2) Die Honorarzone wird bei den geotechnischen Grundleistungen auf Grund folgender Bewertungsmerkmale ermittelt:

1. Honorarzone I: Gründungen mit sehr geringem Schwierigkeitsgrad, insbesondere gering setzungsempfindliche Objekte mit einheitlicher Gründungsart bei annähernd regelmäßigem Schichtenaufbau des Untergrunds mit einheitlicher Tragfähigkeit und Setzungsfähigkeit innerhalb der Baufläche;
2. Honorarzone II: Gründungen mit geringem Schwierigkeitsgrad, insbesondere
   - setzungsempfindliche Objekte sowie gering setzungsempfindliche Objekte mit bereichsweise unterschiedlicher Gründungsart oder bereichsweise stark unterschiedlichen Lasten bei annähernd regelmäßigem Schichtenaufbau des Untergrunds mit einheitlicher Tragfähigkeit und Setzungsfähigkeit innerhalb der Baufläche,
   - gering setzungsempfindliche Objekte mit einheitlicher Gründungsart bei unregelmäßigem Schichtenaufbau des Untergrunds mit unterschiedlicher Tragfähigkeit und Setzungsfähigkeit innerhalb der Baufläche;
3. Honorarzone III: Gründungen mit durchschnittlichem Schwierigkeitsgrad, insbesondere
   - stark setzungsempfindliche Objekte bei annähernd regelmäßigem Schichtenaufbau des Untergrunds mit einheitlicher Tragfähigkeit und Setzungsfähigkeit innerhalb der Baufläche,
   - setzungsempfindliche Objekte sowie gering setzungsempfindliche Bauwerke mit bereichsweise unterschiedlicher Gründungsart oder bereichsweise stark unterschiedlichen Lasten bei unregelmäßigem Schichtenaufbau des Untergrunds mit unterschiedlicher Tragfähigkeit und Setzungsfähigkeit innerhalb der Baufläche,
   - gering setzungsempfindliche Objekte mit einheitlicher Gründungsart bei unregelmäßigem Schichtenaufbau des Untergrunds mit stark unterschiedlicher Tragfähigkeit und Setzungsfähigkeit innerhalb der Baufläche;
4. Honorarzone IV: Gründungen mit hohem Schwierigkeitsgrad, insbesondere
   - stark setzungsempfindliche Objekte bei unregelmäßigem Schichtenaufbau des Untergrunds mit unterschiedlicher Tragfähigkeit und Setzungsfähigkeit innerhalb der Baufläche,
   - setzungsempfindliche Objekte sowie gering setzungsempfindliche Objekte mit bereichsweise unterschiedlicher Gründungsart oder bereichsweise stark unterschiedlichen Lasten bei unregelmäßigem Schichtenaufbau des Untergrunds mit stark unterschiedlicher Tragfähigkeit und Setzungsfähigkeit innerhalb der Baufläche;

5. Honorarzone V: Gründungen mit sehr hohem Schwierigkeitsgrad, insbesondere
   - stark setzungsempfindliche Objekte bei unregelmäßigem Schichtenaufbau des Untergrunds mit stark unterschiedlicher Tragfähigkeit und Setzungsfähigkeit innerhalb der Baufläche.

(3) § 52 Absatz 3 ist sinngemäß anzuwenden.

(4) Die Aspekte des Grundwassereinflusses auf das Objekt und die Nachbarbebauung sind bei der Festlegung der Honorarzone zusätzlich zu berücksichtigen.

1.4 Ingenieurvermessung

1.4.1 Anwendungsbereich

(1) Leistungen der Ingenieurvermessung beziehen das Erfassen raumbezogener Daten über Bauwerke und Anlagen, Grundstücke und Topographie, das Erstellen von Plänen, das Übertragen von Planungen in die Örtlichkeit sowie das vermessungstechnische Überwachen der Bauausführung ein, soweit die Leistungen mit besonderen instrumentellen und vermessungstechnischen Verfahrensanforderungen erbracht werden müssen. Ausgenommen von Satz 1 sind Leistungen, die nach landesrechtlichen Vorschriften für Zwecke der Landesvermessung und des Liegenschaftskatasters durchgeführt werden.

(2) Zur Ingenieurvermessung gehören:
1. Planungsbegleitende Vermessungen für die Planung und den Entwurf von Gebäuden, Ingenieurbauwerken, Verkehrsanlagen sowie für Flächenplanungen,
2. Bauvermessung vor und während der Bauausführung und die abschließende Bestandsdokumentation von Gebäuden, Ingenieurbauwerken und Verkehrsanlagen,
3. sonstige vermessungstechnische Leistungen:
   - Vermessung an Objekten außerhalb der Planungs- und Bauphase,
   - Vermessung bei Wasserstraßen,
   - Fernerkundungen, die das Aufnehmen, Auswerten und Interpretieren von Luftbildern und anderer raumbezogener Daten umfassen, die durch Aufzeichnung über eine große Distanz erfasst sind, als Grundlage insbesondere für Zwecke der Raumordnung und des Umweltschutzes,
   - vermessungstechnische Leistungen zum Aufbau von geographisch-geometrischen Datenbasen für raumbezogene Informationssysteme sowie
   - vermessungstechnische Leistungen, soweit sie nicht in Absatz 1 und Absatz 2 erfasst sind.

1.4.2 Grundlagen des Honorars bei der Planungsbegleitenden Vermessung

(1) Das Honorar für Grundleistungen der Planungsbegleitenden Vermessung richtet sich nach der Summe der Verrechnungseinheiten, der Honorarzone in Nummer 1.4.3 und der Honorartafel in Nummer 1.4.8.

(2) Die Verrechnungseinheiten berechnen sich aus der Größe der aufzunehmenden Flächen und deren Punktdichte. Die Punktdichte beschreibt die durchschnittliche Anzahl der für die Erfassung der planungsrelevanten Daten je Hektar zu messenden Punkte.

(3) Abhängig von der Punktdichte werden die Flächen den nachstehenden Verrechnungseinheiten (VE) je Hektar (ha) zugeordnet werden:

Flächenklasse 1	(bis 50 Punkte / ha)	40 VE
Flächenklasse 2	(51–73 Punkte / ha)	50 VE
Flächenklasse 3	(74–100 Punkte / ha)	60 VE
Flächenklasse 4	(101–131 Punkte / ha)	70 VE
Flächenklasse 5	(132–166 Punkte / ha)	80 VE
Flächenklasse 6	(167–203 Punkte / ha)	90 VE
Flächenklasse 7	(204–244 Punkte / ha)	100 VE
Flächenklasse 8	(245–335 Punkte / ha)	120 VE
Flächenklasse 9	(336–494 Punkte / ha)	150 VE
Flächenklasse 10	(495–815 Punkte / ha)	200 VE
Flächenklasse 11	(816–1650 Punkte / ha)	300 VE
Flächenklasse 12	(1651–4000 Punkte / ha)	500 VE
Flächenklasse 13	(4001–9000 Punkte / ha)	800 VE.

(4) Umfasst ein Auftrag Vermessungen für mehrere Objekte, so werden die Honorare für die Vermessung jedes Objekts getrennt berechnet.

1.4.3 Honorarzonen für Grundleistungen bei der Planungsbegleitenden Vermessung

(1) Die Honorarzone wird bei der Planungsbegleitenden Vermessung auf Grund folgender Bewertungsmerkmale ermittelt:

a) Qualität der vorhandenen Daten und Kartenunterlagen

sehr hoch	1 Punkt
hoch	2 Punkte
befriedigend	3 Punkte
kaum ausreichend	4 Punkte
mangelhaft	5 Punkte

b) Qualität des vorhandenen geodätischen Raumbezugs

sehr hoch	1 Punkt
hoch	2 Punkte
befriedigend	3 Punkte
kaum ausreichend	4 Punkte
mangelhaft	5 Punkte

c) Anforderungen an die Genauigkeit

sehr gering	1 Punkt
gering	2 Punkte
durchschnittlich	3 Punkte
hoch	4 Punkte
sehr hoch	5 Punkte

d) Beeinträchtigungen durch die Geländebeschaffenheit und bei der Begehbarkeit

sehr gering	1 bis 2 Punkte
gering	3 bis 4 Punkte
durchschnittlich	5 bis 6 Punkte
hoch	7 bis 8 Punkte
sehr hoch	9 bis 10 Punkte

e) Behinderung durch Bebauung und Bewuchs

sehr gering	1 bis 3 Punkte
gering	4 bis 6 Punkte
durchschnittlich	7 bis 9 Punkte
hoch	10 bis 12 Punkte
sehr hoch	13 bis 15 Punkte

f) Behinderung durch Verkehr

sehr gering	1 bis 3 Punkte
gering	4 bis 6 Punkte
durchschnittlich	7 bis 9 Punkte
hoch	10 bis 12 Punkte
sehr hoch	13 bis 15 Punkte

(2) Die Honorarzone ergibt sich aus der Summe der Bewertungspunkte wie folgt:

Honorarzone I	bis 13 Punkte
Honorarzone II	14 bis 23 Punkte
Honorarzone III	24 bis 34 Punkte
Honorarzone IV	35 bis 44 Punkte
Honorarzone V	45 bis 55 Punkte.

1.4.4 Leistungsbild Planungsbegleitende Vermessung

(1) Das Leistungsbild Planungsbegleitende Vermessung umfasst die Aufnahme planungsrelevanter Daten und die Darstellung in analoger und digitaler Form für die Planung und den Entwurf von Gebäuden, Ingenieurbauwerken, Verkehrsanlagen sowie für Flächenplanungen.

(2) Die Grundleistungen sind in vier Leistungsphasen zusammengefasst und werden wie folgt in Prozentsätzen der Honorare der Nummer 1.4.8 Absatz 1 bewertet:

1. für die Leistungsphase 1 (Grundlagenermittlung) mit 5 Prozent,
2. für die Leistungsphase 2 (Geodätischer Raumbezug) mit 20 Prozent,
3. für die Leistungsphase 3 (Vermessungstechnische Grundlagen) mit 65 Prozent,
4. für die Leistungsphase 4 (Digitales Geländemodell) mit 10 Prozent.

(3) Das Leistungsbild setzt sich wie folgt zusammen:

Grundleistungen	Besondere Leistungen
1. Grundlagenermittlung	
a) Einholen von Informationen und Beschaffen von Unterlagen über die Örtlichkeit und das geplante Objekt b) Beschaffen vermessungstechnischer Unterlagen und Daten c) Ortsbesichtigung d) Ermitteln des Leistungsumfangs in Abhängigkeit von den Genauigkeitsanforderungen und dem Schwierigkeitsgrad	– Schriftliches Einholen von Genehmigungen zum Betreten von Grundstücken, von Bauwerken, zum Befahren von Gewässern und für anordnungsbedürftige Verkehrssicherungsmaßnahmen
2. Geodätischer Raumbezug	
a) Erkunden und Vermarken von Lage- und Höhenfestpunkten b) Fertigen von Punktbeschreibungen und Einmessungsskizzen	– Entwurf, Messung und Auswertung von Sondernetzen hoher Genauigkeit – Vermarken auf Grund besonderer Anforderungen – Aufstellung von Rahmenmessprogrammen

<table>
<tr><th>Grundleistungen</th><th>Besondere Leistungen</th></tr>
<tr><td>c) Messungen zum Bestimmen der Fest- und Passpunkte
d) Auswerten der Messungen und Erstellen des Koordinaten- und Höhenverzeichnisses</td><td></td></tr>
<tr><td colspan="2">3. Vermessungstechnische Grundlagen</td></tr>
<tr><td>a) Topographische/morphologische Geländeaufnahme einschließlich Erfassen von Zwangspunkten und planungsrelevanter Objekte
b) Aufbereiten und Auswerten der erfassten Daten
c) Erstellen eines digitalen Lagemodells mit ausgewählten planungsrelevanten Höhenpunkten
d) Übernehmen von Kanälen, Leitungen, Kabeln und unterirdischen Bauwerken aus vorhandenen Unterlagen
e) Übernehmen des Liegenschaftskatasters
f) Übernehmen der bestehenden öffentlich-rechtlichen Festsetzungen
g) Erstellen von Plänen mit Darstellen der Situation im Planungsbereich mit ausgewählten planungsrelevanten Höhenpunkten
h) Liefern der Pläne und Daten in analoger und digitaler Form</td><td>– Maßnahmen für anordnungsbedürftige Verkehrssicherung
– Orten und Aufmessen des unterirdischen Bestandes
– Vermessungsarbeiten unter Tage, unter Wasser oder bei Nacht
– Detailliertes Aufnehmen bestehender Objekte und Anlagen neben der normalen topographischen Aufnahme wie zum Beispiel Fassaden und Innenräume von Gebäuden
– Ermitteln von Gebäudeschnitten
– Aufnahmen über den festgelegten Planungsbereich hinaus
– Erfassen zusätzlicher Merkmale wie zum Beispiel Baumkronen
– Eintragen von Eigentümerangaben
– Darstellen in verschiedenen Maßstäben
– Ausarbeiten der Lagepläne entsprechend der rechtlichen Bedingungen für behördliche Genehmigungsverfahren
– Übernahme der Objektplanung in ein digitales Lagemodell</td></tr>
<tr><td>4. Digitales Geländemodell</td><td></td></tr>
<tr><td>a) Selektion der die Geländeoberfläche beschreibenden Höhenpunkte und Bruchkanten aus der Geländeaufnahme
b) Berechnung eines digitalen Geländemodells
c) Ableitung von Geländeschnitten
d) Darstellen der Höhen in Punkt-, Raster- oder Schichtlinienform
e) Liefern der Pläne und Daten in analoger und digitaler Form</td><td></td></tr>
</table>

1.4.5 Grundlagen des Honorars bei der Bauvermessung

(1) Das Honorar für Grundleistungen bei der Bauvermessung richtet sich nach den anrechenbaren Kosten des Objekts, der Honorarzone in Nummer 1.4.6 und der Honorartafel in Nummer 1.4.8 Absatz 2.

(2) Anrechenbare Kosten sind die Herstellungskosten des Objekts. Diese werden entsprechend § 4 Absatz 1 und
1. bei Gebäuden entsprechend § 33,
2. bei Ingenieurbauwerken entsprechend § 42,
3. bei Verkehrsanlagen entsprechend § 46

ermittelt. Anrechenbar sind bei Ingenieurbauwerken 100 Prozent, bei Gebäuden und Verkehrsanlagen 80 Prozent der ermittelten Kosten.

(3) Die Absätze 1 und 2 sowie die Nummer 1.4.6 und Nummer 1.4.7 finden keine Anwendung für vermessungstechnische Grundleistungen bei ober- und unterirdischen Leitungen, Tunnel-, Stollen- und Kavernenbauwerken, innerörtlichen Verkehrsanlagen mit überwiegend innerörtlichem Verkehr, bei Geh- und Radwegen sowie Gleis- und Bahnsteiganlagen.

1.4.6 Honorarzonen für Grundleistungen bei der Bauvermessung

(1) Die Honorarzone wird bei der Bauvermessung auf Grund folgender Bewertungsmerkmale ermittelt:

a) Beeinträchtigungen durch die Geländebeschaffenheit und bei der Begehbarkeit

sehr gering	1 Punkt
gering	2 Punkte
durchschnittlich	3 Punkte
hoch	4 Punkte
sehr hoch	5 Punkte

b) Behinderungen durch Bebauung und Bewuchs

sehr gering	1 bis 2 Punkte
gering	3 bis 4 Punkte
durchschnittlich	5 bis 6 Punkte
hoch	7 bis 8 Punkte
sehr hoch	9 bis 10 Punkte

c) Behinderung durch den Verkehr

sehr gering	1 bis 2 Punkte
gering	3 bis 4 Punkte
durchschnittlich	5 bis 6 Punkte
hoch	7 bis 8 Punkte
sehr hoch	9 bis 10 Punkte

d) Anforderungen an die Genauigkeit

sehr gering	1 bis 2 Punkte
gering	3 bis 4 Punkte
durchschnittlich	5 bis 6 Punkte
hoch	7 bis 8 Punkte
sehr hoch	9 bis 10 Punkte

e) Anforderungen durch die Geometrie des Objekts

sehr gering	1 bis 2 Punkte
gering	3 bis 4 Punkte
durchschnittlich	5 bis 6 Punkte
hoch	7 bis 8 Punkte
sehr hoch	9 bis 10 Punkte

f) Behinderung durch den Baubetrieb

sehr gering	1 bis 3 Punkte
gering	4 bis 6 Punkte
durchschnittlich	7 bis 9 Punkte
hoch	10 bis 12 Punkte
sehr hoch	13 bis 15 Punkte.

(2) Die Honorarzone ergibt sich aus der Summe der Bewertungspunkte wie folgt:

Honorarzone I	bis 14 Punkte
Honorarzone II	15 bis 25 Punkte
Honorarzone III	26 bis 37 Punkte
Honorarzone IV	38 bis 48 Punkte
Honorarzone V	49 bis 60 Punkte.

1.4.7 Leistungsbild Bauvermessung

(1) Das Leistungsbild Bauvermessung umfasst die Vermessungsleistungen für den Bau und die abschließende Bestandsdokumentation von Gebäuden, Ingenieurbauwerken und Verkehrsanlagen.

(2) Die Grundleistungen werden in fünf Leistungsphasen zusammengefasst und wie folgt in Prozentsätzen der Honorare der Nummer 1.4.8 Absatz 2 bewertet:

1. für die Leistungsphase 1 (Baugeometrische Beratung) mit 2 Prozent,
2. für die Leistungsphase 2 (Absteckungsunterlagen) mit 5 Prozent,
3. für die Leistungsphase 3 (Bauvorbereitende Vermessung) mit 16 Prozent,
4. für die Leistungsphase 4 (Bauausführungsvermessung) mit 62 Prozent,
5. für die Leistungsphase 5 (Vermessungstechnische Überwachung der Bauausführung) mit 15 Prozent.

(3) Das Leistungsbild setzt sich wie folgt zusammen:

Grundleistungen	Besondere Leistungen
1. Baugeometrische Beratung	
a) Ermitteln des Leistungsumfanges in Abhängigkeit vom Projekt b) Beraten, insbesondere im Hinblick auf die erforderlichen Genauigkeiten und zur Konzeption eines Messprogramms c) Festlegen eines für alle Beteiligten verbindlichen Maß-, Bezugs- und Benennungssystems	– Erstellen von vermessungstechnischen Leistungsbeschreibungen – Erarbeiten von Organisationsvorschlägen über Zuständigkeiten, Verantwortlichkeit und Schnittstellen der Objektvermessung – Erstellen von Messprogrammen für Bewegungs- und Deformationsmessungen einschließlich Vorgaben für die Baustelleneinrichtung
2. Absteckungsunterlagen	
a) Berechnen der Detailgeometrie anhand der Ausführungsplanung, Erstellen eines Absteckungsplanes und Berechnen von Absteckungsdaten einschließlich Aufzeigen von Widersprüchen (Absteckungsunterlagen)	– Durchführen von zusätzlichen Aufnahmen und ergänzenden Berechnungen, falls keine qualifizierten Unterlagen aus der Leistungsphase vermessungstechnische Grundlagen vorliegen – Durchführen von Optimierungsberechnungen im Rahmen der Baugeometrie (zum Beispiel Flächennutzung, Abstandsflächen) – Erarbeitung von Vorschlägen zur Beseitigung von Widersprüchen bei der Verwendung von Zwangspunkten (zum Beispiel bauordnungsrechtliche Vorgaben)
3. Bauvorbereitende Vermessung	
a) Prüfen und Ergänzen des bestehenden Festpunktfelds b) Zusammenstellung und Aufbereitung der Absteckungsdaten c) Absteckung: Übertragen der Projektgeometrie (Hauptpunkte) und des Baufelds in die Örtlichkeit d) Übergabe der Lage- und Höhenfestpunkte, der Hauptpunkte und der Absteckungsunterlagen an das bauausführende Unternehmen	– Absteckung auf besondere Anforderungen (zum Beispiel Archäologie, Ausholzung, Grobabsteckung, Kampfmittelräumung)
4. Bauausführungsvermessung	
a) Messungen zur Verdichtung des Lage- und Höhenfestpunktfeldes b) Messungen zur Überprüfung und Sicherung von Fest- und Achspunkten c) Baubegleitende Absteckungen der geometriebestimmenden Bauwerkspunkte nach Lage und Höhe	– Erstellen und Konkretisieren des Messprogramms – Absteckungen unter Berücksichtigung von belastungs- und fertigungstechnischen Verformungen – Prüfen der Maßgenauigkeit von Fertigteilen

Grundleistungen	Besondere Leistungen
d) Messungen zur Erfassung von Bewegungen und Deformationen des zu erstellenden Objekts an konstruktiv bedeutsamen Punkten e) Baubegleitende Eigenüberwachungsmessungen und deren Dokumentation f) Fortlaufende Bestandserfassung während der Bauausführung als Grundlage für den Bestandplan	– Aufmaß von Bauleistungen, soweit besondere vermessungstechnische Leistungen gegeben sind – Ausgabe von Baustellenbestandsplänen während der Bauausführung – Fortführen der vermessungstechnischen Bestandspläne nach Abschluss der Grundleistungen – Herstellen von Bestandsplänen
5. Vermessungstechnische Überwachung der Bauausführung	
a) Kontrollieren der Bauausführung durch stichprobenartige Messungen an Schalungen und entstehenden Bauteilen (Kontrollmessungen) b) Fertigen von Messprotokollen c) Stichprobenartige Bewegungs- und Deformationsmessungen an konstruktiv bedeutsamen Punkten des zu erstellenden Objekts	– Prüfen der Mengenermittlungen – Beratung zu langfristigen vermessungstechnischen Objektüberwachungen im Rahmen der Ausführungskontrolle baulicher Maßnahmen und deren Durchführung – Vermessungen für die Abnahme von Bauleistungen, soweit besondere vermessungstechnische Anforderungen gegeben sind

(4) Die Leistungsphase 4 ist abweichend von Absatz 2 bei Gebäuden mit 45 bis 62 Prozent zu bewerten.

1.4.8 Honorare für Grundleistungen bei der Ingenieurvermessung

(1) Für die in Nummer 1.4.4 Absatz 3 genannten Grundleistungen der Planungsbegleitenden Vermessung sind die in der nachstehenden Honorartafel aufgeführten Honorarspannen Orientierungswerte:

Verrechnungseinheiten	Honorarzone I sehr geringe Anforderungen		Honorarzone II geringe Anforderungen		Honorarzone III durchschnittliche Anforderungen		Honorarzone IV hohe Anforderungen		Honorarzone V sehr hohe Anforderungen	
	von	bis	von	bis	von	bis	von	bis	von	bis
	Euro		Euro		Euro		Euro		Euro	
6	658	777	777	914	914	1.051	1.051	1.170	1.170	1.289
20	953	1.123	1.123	1.306	1.306	1.489	1.489	1.659	1.659	1.828
50	1.480	1.740	1.740	2.000	2.000	2.260	2.260	2.520	2.520	2.780
103	2.225	2.616	2.616	3.007	3.007	3.399	3.399	3.790	3.790	4.182
188	3.325	3.826	3.826	4.327	4.327	4.829	4.829	5.330	5.330	5.831
278	4.320	4.931	4.931	5.542	5.542	6.153	6.153	6.765	6.765	7.376
359	5.156	5.826	5.826	6.547	6.547	7.217	7.217	7.939	7.939	8.609
435	5.881	6.656	6.656	7.437	7.437	8.212	8.212	8.994	8.994	9.768
506	6.547	7.383	7.383	8.219	8.219	9.055	9.055	9.892	9.892	10.728
659	7.867	8.859	8.859	9.815	9.815	10.809	10.809	11.765	11.765	12.757
822	9.187	10.299	10.299	11.413	11.413	12.513	12.513	13.625	13.625	14.737
1.105	11.332	12.667	12.667	14.002	14.002	15.336	15.336	16.672	16.672	18.006
1.400	13.525	14.977	14.977	16.532	16.532	18.086	18.086	19.642	19.642	21.196
2.033	17.714	19.597	19.597	21.592	21.592	23.586	23.586	25.582	25.582	27.576
2.713	21.894	24.217	24.217	26.652	26.652	29.086	29.086	31.522	31.522	33.956
3.430	26.074	28.837	28.837	31.712	31.712	34.586	34.586	37.462	37.462	40.336
4.949	34.434	38.077	38.077	41.832	41.832	45.586	45.586	49.342	49.342	53.096
7.385	46.974	51.937	51.937	57.012	57.012	62.086	62.086	67.162	67.162	72.236
11.726	67.874	75.037	75.037	82.312	82.312	89.586	89.586	96.862	96.862	104.136

(2) Für die in Nummer 1.4.7 Absatz 3 genannten Grundleistungen der Bauvermessung sind die in der nachstehenden Honorartafel aufgeführten Honorarspannen Orientierungswerte:

Anrechenbare Kosten in Euro	Honorarzone I sehr geringe Anforderungen		Honorarzone II geringe Anforderungen		Honorarzone III durchschnittliche Anforderungen		Honorarzone IV hohe Anforderungen		Honorarzone V sehr hohe Anforderungen	
	von	bis	von	bis	von	bis	von	bis	von	bis
	Euro		Euro		Euro		Euro		Euro	
50.000	4.282	4.782	4.782	5.283	5.283	5.839	5.839	6.339	6.339	6.840
75.000	4.648	5.191	5.191	5.734	5.734	6.338	6.338	6.881	6.881	7.424
100.000	5.002	5.586	5.586	6.171	6.171	6.820	6.820	7.405	7.405	7.989
150.000	5.684	6.349	6.349	7.013	7.013	7.751	7.751	8.416	8.416	9.080
200.000	6.344	7.086	7.086	7.827	7.827	8.651	8.651	9.393	9.393	10.134
250.000	6.987	7.804	7.804	8.621	8.621	9.528	9.528	10.345	10.345	11.162
300.000	7.618	8.508	8.508	9.399	9.399	10.388	10.388	11.278	11.278	12.169
400.000	8.848	9.883	9.883	10.917	10.917	12.066	12.066	13.100	13.100	14.134
500.000	10.048	11.222	11.222	12.397	12.397	13.702	13.702	14.876	14.876	16.051
600.000	11.223	12.535	12.535	13.847	13.847	15.304	15.304	16.616	16.616	17.928
750.000	12.950	14.464	14.464	15.978	15.978	17.659	17.659	19.173	19.173	20.687
1.000.000	15.754	17.596	17.596	19.437	19.437	21.483	21.483	23.325	23.325	25.166
1.500.000	21.165	23.639	23.639	26.113	26.113	28.862	28.862	31.336	31.336	33.810
2.000.000	26.393	29.478	29.478	32.563	32.563	35.990	35.990	39.075	39.075	42.160
2.500.000	31.488	35.168	35.168	38.849	38.849	42.938	42.938	46.619	46.619	50.299
3.000.000	36.480	40.744	40.744	45.008	45.008	49.745	49.745	54.009	54.009	58.273
4.000.000	46.224	51.626	51.626	57.029	57.029	63.032	63.032	68.435	68.435	73.838
5.000.000	55.720	62.232	62.232	68.745	68.745	75.981	75.981	82.494	82.494	89.007
7.500.000	78.690	87.888	87.888	97.085	97.085	107.305	107.305	116.502	116.502	125.700
10.000.000	100.876	112.667	112.667	124.458	124.458	137.559	137.559	149.350	149.350	161.140

1.4.9 Sonstige vermessungstechnische Leistungen

Für sonstige vermessungstechnische Leistungen nach Nummer 1.4.1 kann ein Honorar abweichend von den Grundsätzen gemäß Nummer 1.4 vereinbart werden.

Anlage 2 Grundleistungen im Leistungsbild Flächennutzungsplan (zu § 18 Absatz 2)

Das Leistungsbild Flächennutzungsplan setzt sich aus folgenden Grundleistungen je Leistungsphase zusammen:

1. Leistungsphase 1: Vorentwurf für die frühzeitigen Beteiligungen
   a) Zusammenstellen und Werten des vorhandenen Grundlagenmaterials
   b) Erfassen der abwägungsrelevanten Sachverhalte
   c) Ortsbesichtigungen
   d) Festlegen ergänzender Fachleistungen und Formulieren von Entscheidungshilfen für die Auswahl anderer fachlich Beteiligter, soweit notwendig
   e) Analysieren und Darstellen des Zustandes des Plangebiets, soweit für die Planung von Bedeutung und abwägungsrelevant, unter Verwendung hierzu vorliegender Fachbeiträge
   f) Mitwirken beim Festlegen von Zielen und Zwecken der Planung
   g) Erarbeiten des Vorentwurfes in der vorgeschriebenen Fassung mit Begründung für die frühzeitigen Beteiligungen nach den Bestimmungen des Baugesetzbuchs
   h) Darlegen der wesentlichen Auswirkungen der Planung
   i) Berücksichtigen von Fachplanungen
   j) Mitwirken an der frühzeitigen Öffentlichkeitsbeteiligung einschließlich Erörterung der Planung
   k) Mitwirken an der frühzeitigen Beteiligung der Behörden und Stellen, die Träger öffentlicher Belange sind
   l) Mitwirken an der frühzeitigen Abstimmung mit den Nachbargemeinden
   m) Abstimmen des Vorentwurfes für die frühzeitigen Beteiligungen in der vorgeschriebenen Fassung mit der Gemeinde
2. Leistungsphase 2: Entwurf zur öffentlichen Auslegung
   a) Erarbeiten des Entwurfes in der vorgeschriebenen Fassung mit Begründung für die Öffentlichkeits- und Behördenbeteiligung nach den Bestimmungen des Baugesetzbuchs
   b) Mitwirken an der Öffentlichkeitsbeteiligung
   c) Mitwirken an der Beteiligung der Behörden und Stellen, die Träger öffentlicher Belange sind
   d) Mitwirken an der Abstimmung mit den Nachbargemeinden
   e) Mitwirken bei der Abwägung der Gemeinde zu Stellungnahmen aus frühzeitigen Beteiligungen
   f) Abstimmen des Entwurfs mit der Gemeinde

3. Leistungsphase 3: Plan zur Beschlussfassung
   a) Erarbeiten des Planes in der vorgeschriebenen Fassung mit Begründung für den Beschluss durch die Gemeinde
   b) Mitwirken bei der Abwägung der Gemeinde zu Stellungnahmen
   c) Erstellen des Planes in der durch Beschluss der Gemeinde aufgestellten Fassung.

Anlage 3 Grundleistungen im Leistungsbild Bebauungsplan (zu § 19 Absatz 2)

Das Leistungsbild Bebauungsplan setzt sich aus folgenden Grundleistungen je Leistungsphase zusammen:

1. Leistungsphase 1: Vorentwurf für die frühzeitigen Beteiligungen
   a) Zusammenstellen und Werten des vorhandenen Grundlagenmaterials
   b) Erfassen der abwägungsrelevanten Sachverhalte
   c) Ortsbesichtigungen
   d) Festlegen ergänzender Fachleistungen und Formulieren von Entscheidungshilfen für die Auswahl anderer fachlich Beteiligter, soweit notwendig
   e) Analysieren und Darstellen des Zustandes des Plangebiets, soweit für die Planung von Bedeutung und abwägungsrelevant, unter Verwendung hierzu vorliegender Fachbeiträge
   f) Mitwirken beim Festlegen von Zielen und Zwecken der Planung
   g) Erarbeiten des Vorentwurfes in der vorgeschriebenen Fassung mit Begründung für die frühzeitigen Beteiligungen nach den Bestimmungen des Baugesetzbuchs
   h) Darlegen der wesentlichen Auswirkungen der Planung
   i) Berücksichtigen von Fachplanungen
   j) Mitwirken an der frühzeitigen Öffentlichkeitsbeteiligung einschließlich Erörterung der Planung
   k) Mitwirken an der frühzeitigen Beteiligung der Behörden und Stellen, die Träger öffentlicher Belange sind
   l) Mitwirken an der frühzeitigen Abstimmung mit den Nachbargemeinden
   m) Abstimmen des Vorentwurfes für die frühzeitigen Beteiligungen in der vorgeschriebenen Fassung mit der Gemeinde
2. Leistungsphase 2: Entwurf zur öffentlichen Auslegung
   a) Erarbeiten des Entwurfes in der vorgeschriebenen Fassung mit Begründung für die Öffentlichkeits- und Behördenbeteiligung nach den Bestimmungen des Baugesetzbuchs
   b) Mitwirken an der Öffentlichkeitsbeteiligung
   c) Mitwirken an der Beteiligung der Behörden und Stellen, die Träger öffentlicher Belange sind
   d) Mitwirken an der Abstimmung mit den Nachbargemeinden
   e) Mitwirken bei der Abwägung der Gemeinde zu Stellungnahmen aus frühzeitigen Beteiligungen
   f) Abstimmen des Entwurfs mit der Gemeinde
3. Leistungsphase 3: Plan zur Beschlussfassung
   a) Erarbeiten des Planes in der vorgeschriebenen Fassung mit Begründung für den Beschluss durch die Gemeinde

b) Mitwirken bei der Abwägung der Gemeinde zu Stellungnahmen
c) Erstellen des Planes in der durch Beschluss der Gemeinde aufgestellten Fassung.

Anlage 4 Grundleistungen im Leistungsbild Landschaftsplan (zu § 23 Absatz 2)

Das Leistungsbild Landschaftsplan setzt sich aus folgenden Grundleistungen je Leistungsphase zusammen:

1. Leistungsphase 1: Klären der Aufgabenstellung und Ermitteln des Leistungsumfangs
   a) Zusammenstellen und Prüfen der vom Auftraggeber zur Verfügung gestellten planungsrelevanten Unterlagen
   b) Ortsbesichtigungen
   c) Abgrenzen des Planungsgebiets
   d) Konkretisieren weiteren Bedarfs an Daten und Unterlagen
   e) Beraten zum Leistungsumfang für ergänzende Untersuchungen und Fachleistungen
   f) Aufstellen eines verbindlichen Arbeitsplans unter Berücksichtigung der sonstigen Fachbeiträge
2. Leistungsphase 2: Ermitteln der Planungsgrundlagen
   a) Ermitteln und Beschreiben der planungsrelevanten Sachverhalte auf Grundlage vorhandener Unterlagen und Daten
   b) Landschaftsbewertung nach den Zielen und Grundsätzen des Naturschutzes und der Landschaftspflege
   c) Bewerten von Flächen und Funktionen des Naturhaushalts und des Landschaftsbildes hinsichtlich ihrer Eignung, Leistungsfähigkeit, Empfindlichkeit und Vorbelastung
   d) Bewerten geplanter Eingriffe in Natur und Landschaft
   e) Feststellen von Nutzungs- und Zielkonflikten
   f) Zusammenfassendes Darstellen der Erfassung und Bewertung
3. Leistungsphase 3: Vorläufige Fassung
   a) Formulieren von örtlichen Zielen und Grundsätzen zum Schutz, zur Pflege und Entwicklung von Natur und Landschaft einschließlich Erholungsvorsorge
   b) Darlegen der angestrebten Flächenfunktionen und Flächennutzungen sowie der örtlichen Erfordernisse und Maßnahmen zur Umsetzung der konkretisierten Ziele des Naturschutzes und der Landschaftspflege
   c) Erarbeiten von Vorschlägen zur Übernahme in andere Planungen, insbesondere in die Bauleitpläne
   d) Hinweise auf Folgeplanungen und -maßnahmen
   e) Mitwirken bei der Beteiligung der nach den Bestimmungen des Bundesnaturschutzgesetzes anerkannten Verbände

f) Mitwirken bei der Abstimmung der Vorläufigen Fassung mit der für Naturschutz und Landschaftspflege zuständigen Behörde

g) Abstimmen der Vorläufigen Fassung mit dem Auftraggeber

4. Leistungsphase 4: Abgestimmte Fassung
Darstellen des Landschaftsplans in der mit dem Auftraggeber abgestimmten Fassung in Text und Karte.

Anlage 5 Grundleistungen im Leistungsbild Grünordnungsplan (zu § 24 Absatz 2)

Das Leistungsbild Grünordnungsplan setzt sich aus folgenden Grundleistungen je Leistungsphase zusammen:

1. Leistungsphase 1: Klären der Aufgabenstellung und Ermitteln des Leistungsumfangs
   a) Zusammenstellen und Prüfen der vom Auftraggeber zur Verfügung gestellten planungsrelevanten Unterlagen
   b) Ortsbesichtigungen
   c) Abgrenzen des Planungsgebiets
   d) Konkretisieren weiteren Bedarfs an Daten und Unterlagen
   e) Beraten zum Leistungsumfang für ergänzende Untersuchungen und Fachleistungen
   f) Aufstellen eines verbindlichen Arbeitsplans unter Berücksichtigung der sonstigen Fachbeiträge
2. Leistungsphase 2: Ermitteln der Planungsgrundlagen
   a) Ermitteln und Beschreiben der planungsrelevanten Sachverhalte auf Grundlage vorhandener Unterlagen und Daten
   b) Bewerten der Landschaft nach den Zielen des Naturschutzes und der Landschaftspflege einschließlich der Erholungsvorsorge
   c) Zusammenfassendes Darstellen der Bestandsaufnahme und Bewertung in Text und Karte
3. Leistungsphase 3: Vorläufige Fassung
   a) Lösen der Planungsaufgabe und Erläutern der Ziele, Erfordernisse und Maßnahmen in Text und Karte
   b) Darlegen der angestrebten Flächenfunktionen und Flächennutzungen
   c) Darlegen von Gestaltungs-, Schutz-, Pflege- und Entwicklungsmaßnahmen
   d) Vorschläge zur Übernahme in andere Planungen, insbesondere in die Bauleitplanung
   e) Mitwirken bei der Abstimmung der vorläufigen Fassung mit der für den Naturschutz zuständigen Behörde
   f) Bearbeiten der naturschutzrechtlichen Eingriffsregelung
      aa) Ermitteln und Bewerten der durch die Planung zu erwartenden Beeinträchtigungen des Naturhaushalts und des Landschaftsbildes nach Art, Umfang, Ort und zeitlichem Ablauf
      bb) Erarbeiten von Lösungen zur Vermeidung oder Verminderung erheblicher Beeinträchtigungen des Naturhaushalts und des Landschaftsbildes in Abstimmung mit den an der Planung fachlich Beteiligten
      cc) Ermitteln der unvermeidbaren Beeinträchtigungen

dd) Vergleichendes Gegenüberstellen von unvermeidbaren Beeinträchtigungen und Ausgleich und Ersatz einschließlich Darstellen verbleibender, nicht ausgleichbarer oder ersetzbarer Beeinträchtigungen

ee) Darstellen und Begründen von Maßnahmen des Naturschutzes und der Landschaftspflege, insbesondere Ausgleichs-, Ersatz-, Gestaltungs- und Schutzmaßnahmen sowie Maßnahmen zur Unterhaltung und rechtlichen Sicherung von Ausgleichs- und Ersatzmaßnahmen

ff) Integrieren ergänzender, zulassungsrelevanter Regelungen und Maßnahmen auf Grund des Natura 2000-Gebietsschutzes und der Vorschriften zum besonderen Artenschutz auf Grundlage vorhandener Unterlagen

4. Leistungsphase 4: Abgestimmte Fassung
   Darstellen des Grünordnungsplans oder Landschaftsplanerischen Fachbeitrags in der mit dem Auftraggeber abgestimmten Fassung in Text und Karte.

Anlage 6 Grundleistungen im Leistungsbild Landschaftsrahmenplan (zu § 25 Absatz 2)

Das Leistungsbild Landschaftsrahmenplan setzt sich aus folgenden Grundleistungen je Leistungsphase zusammen:

1. Leistungsphase 1: Klären der Aufgabenstellung und Ermitteln des Leistungsumfangs
   a) Zusammenstellen und Prüfen der vom Auftraggeber zur Verfügung gestellten planungsrelevanten Unterlagen
   b) Ortsbesichtigungen
   c) Abgrenzen des Planungsgebiets
   d) Konkretisieren weiteren Bedarfs an Daten und Unterlagen
   e) Beraten zum Leistungsumfang für ergänzende Untersuchungen und Fachleistungen
   f) Aufstellen eines verbindlichen Arbeitsplans unter Berücksichtigung der sonstigen Fachbeiträge
2. Leistungsphase 2: Ermitteln der Planungsgrundlagen
   a) Ermitteln und Beschreiben der planungsrelevanten Sachverhalte auf Grundlage vorhandener Unterlagen und Daten
   b) Landschaftsbewertung nach den Zielen und Grundsätzen des Naturschutzes und der Landschaftspflege
   c) Bewerten von Flächen und Funktionen des Naturhaushalts und des Landschaftsbildes hinsichtlich ihrer Eignung, Leistungsfähigkeit, Empfindlichkeit und Vorbelastung
   d) Bewerten geplanter Eingriffe in Natur und Landschaft
   e) Feststellen von Nutzungs- und Zielkonflikten
   f) Zusammenfassendes Darstellen der Erfassung und Bewertung
3. Leistungsphase 3: Vorläufige Fassung
   a) Lösen der Planungsaufgabe und
   b) Erläutern der Ziele, Erfordernisse und Maßnahmen in Text und Karte
      Zu Buchstabe a) und b) gehören:
      aa) Erstellen des Zielkonzepts
      bb) Umsetzen des Zielkonzepts durch Schutz, Pflege und Entwicklung bestimmter Teile von Natur und Landschaft und durch Artenhilfsmaßnahmen für ausgewählte Tier- und Pflanzenarten
      cc) Vorschläge zur Übernahme in andere Planungen, insbesondere in Regionalplanung, Raumordnung und Bauleitplanung
      dd) Mitwirken bei der Abstimmung der vorläufigen Fassung mit der für den Naturschutz zuständigen Behörde
      ee) Abstimmen der Vorläufigen Fassung mit dem Auftraggeber

4. Leistungsphase 4: Abgestimmte Fassung
   Darstellen des Landschaftsrahmenplans in der mit dem Auftraggeber abgestimmten Fassung in Text und Karte.

Anlage 7 Grundleistungen im Leistungsbild Landschaftspflegerischer Begleitplan (zu § 26 Absatz 2)

Das Leistungsbild Landschaftspflegerischer Begleitplan setzt sich aus folgenden Grundleistungen je Leistungsphase zusammen:

1. Leistungsphase 1: Klären der Aufgabenstellung und Ermitteln des Leistungsumfangs
   a) Zusammenstellen und Prüfen der vom Auftraggeber zur Verfügung gestellten planungsrelevanten Unterlagen
   b) Ortsbesichtigungen
   c) Abgrenzen des Planungsgebiets anhand der planungsrelevanten Funktionen
   d) Konkretisieren weiteren Bedarfs an Daten und Unterlagen
   e) Beraten zum Leistungsumfang für ergänzende Untersuchungen und Fachleistungen
   f) Aufstellen eines verbindlichen Arbeitsplans unter Berücksichtigung der sonstigen Fachbeiträge
2. Leistungsphase 2: Ermitteln und Bewerten der Planungsgrundlagen
   a) Bestandsaufnahme:
      Erfassen von Natur und Landschaft jeweils einschließlich des rechtlichen Schutzstatus und fachplanerischer Festsetzungen und Ziele für die Naturgüter auf Grundlage vorhandener Unterlagen und örtlicher Erhebungen
   b) Bestandsbewertung:
      aa) Bewerten der Leistungsfähigkeit und Empfindlichkeit des Naturhaushalts und des Landschaftsbildes nach den Zielen und Grundsätzen des Naturschutzes und der Landschaftspflege
      bb) Bewerten der vorhandenen Beeinträchtigungen von Natur und Landschaft (Vorbelastung)
      cc) Zusammenfassendes Darstellen der Ergebnisse als Grundlage für die Erörterung mit dem Auftraggeber
3. Leistungsphase 3: Vorläufige Fassung
   a) Konfliktanalyse
   b) Ermitteln und Bewerten der durch das Vorhaben zu erwartenden Beeinträchtigungen des Naturhaushalts und des Landschaftsbildes nach Art, Umfang, Ort und zeitlichem Ablauf
   c) Konfliktminderung
   d) Erarbeiten von Lösungen zur Vermeidung oder Verminderung erheblicher Beeinträchtigungen des Naturhaushalts und des Landschaftsbildes in Abstimmung mit den an der Planung fachlich Beteiligten
   e) Ermitteln der unvermeidbaren Beeinträchtigungen

f) Erarbeiten und Begründen von Maßnahmen des Naturschutzes und der Landschaftspflege, insbesondere Ausgleichs-, Ersatz- und Gestaltungsmaßnahmen sowie von Angaben zur Unterhaltung dem Grunde nach und Vorschläge zur rechtlichen Sicherung von Ausgleichs- und Ersatzmaßnahmen
g) Integrieren von Maßnahmen auf Grund des Natura 2000-Gebietsschutzes sowie auf Grund der Vorschriften zum besonderen Artenschutz und anderer Umweltfachgesetze auf Grundlage vorhandener Unterlagen und Erarbeiten eines Gesamtkonzepts
h) Vergleichendes Gegenüberstellen von unvermeidbaren Beeinträchtigungen und Ausgleich und Ersatz einschließlich Darstellen verbleibender, nicht ausgleichbarer oder ersetzbarer Beeinträchtigungen
i) Kostenermittlung nach Vorgaben des Auftraggebers
j) Zusammenfassendes Darstellen der Ergebnisse in Text und Karte
k) Mitwirken bei der Abstimmung mit der für Naturschutz und Landschaftspflege zuständigen Behörde
l) Abstimmen der Vorläufigen Fassung mit dem Auftraggeber

4. Leistungsphase 4: Abgestimmte Fassung
Darstellen des Landschaftspflegerischen Begleitplans in der mit dem Auftraggeber abgestimmten Fassung in Text und Karte.

Anlage 8 Grundleistungen im Leistungsbild Pflege- und Entwicklungsplan (zu § 27 Absatz 2)

Das Leistungsbild Pflege- und Entwicklungsplan setzt sich aus folgenden Grundleistungen je Leistungsphase zusammen:

1. Leistungsphase 1: Klären der Aufgabenstellung und Ermitteln des Leistungsumfangs
   a) Zusammenstellen und Prüfen der vom Auftraggeber zur Verfügung gestellten planungsrelevanten Unterlagen
   b) Ortsbesichtigungen
   c) Abgrenzen des Planungsgebiets anhand der planungsrelevanten Funktionen
   d) Konkretisieren weiteren Bedarfs an Daten und Unterlagen
   e) Beraten zum Leistungsumfang für ergänzende Untersuchungen und Fachleistungen
   f) Aufstellen eines verbindlichen Arbeitsplans unter Berücksichtigung der sonstigen Fachbeiträge
2. Leistungsphase 2: Ermitteln der Planungsgrundlagen
   a) Ermitteln und Beschreiben der planungsrelevanten Sachverhalte auf Grund vorhandener Unterlagen
   b) Auswerten und Einarbeiten von Fachbeiträgen
   c) Bewerten der Bestandsaufnahmen einschließlich vorhandener Beeinträchtigungen sowie der abiotischen Faktoren hinsichtlich ihrer Standort- und Lebensraumbedeutung nach den Zielen und Grundsätzen des Naturschutzes
   d) Beschreiben der Zielkonflikte mit bestehenden Nutzungen
   e) Beschreiben des zu erwartenden Zustands von Arten und ihren Lebensräumen (Zielkonflikte mit geplanten Nutzungen)
   f) Überprüfen der festgelegten Untersuchungsinhalte
   g) Zusammenfassendes Darstellen von Erfassung und Bewertung in Text und Karte
3. Leistungsphase 3: Vorläufige Fassung
   a) Lösen der Planungsaufgabe und Erläutern der Ziele, Erfordernisse und Maßnahmen in Text und Karte
   b) Formulieren von Zielen zum Schutz, zur Pflege, zur Erhaltung und Entwicklung von Arten, Biotoptypen und naturnahen Lebensräumen bzw. Standortbedingungen
   c) Erfassen und Darstellen von Flächen, auf denen eine Nutzung weiter betrieben werden soll und von Flächen, auf denen regelmäßig Pflegemaßnahmen durchzuführen sind sowie von Maßnahmen zur Verbesserung der ökologischen Standortverhältnisse und zur Änderung der Biotopstruktur

d) Erarbeiten von Vorschlägen für Maßnahmen zur Förderung bestimmter Tier- und Pflanzenarten, zur Lenkung des Besucherverkehrs, für die Durchführung der Pflege- und Entwicklungsmaßnahmen und für Änderungen von Schutzzweck und -zielen sowie Grenzen von Schutzgebieten
e) Erarbeiten von Hinweisen für weitere wissenschaftliche Untersuchungen (Monitoring), Folgeplanungen und Maßnahmen
f) Kostenermittlung
g) Abstimmen der Vorläufigen Fassung mit dem Auftraggeber

4. Leistungsphase 4: Abgestimmte Fassung
Darstellen des Pflege- und Entwicklungsplans in der mit dem Auftraggeber abgestimmten Fassung in Text und Karte.

Anlage 9 Besondere Leistungen zur Flächenplanung (zu § 18 Absatz 2, § 19 Absatz 2, § 23 Absatz 2, § 24 Absatz 2, § 25 Absatz 2, § 26 Absatz 2, § 27 Absatz 2)

Für die Leistungsbilder der Flächenplanung können insbesondere folgende Besondere Leistungen vereinbart werden:

1. Rahmensetzende Pläne und Konzepte:
   a) Leitbilder
   b) Entwicklungskonzepte
   c) Masterpläne
   d) Rahmenpläne
2. Städtebaulicher Entwurf:
   a) Grundlagenermittlung
   b) Vorentwurf
   c) Entwurf
   Der Städtebauliche Entwurf kann als Grundlage für Leistungen nach § 19 der HOAI dienen und Ergebnis eines städtebaulichen Wettbewerbes sein.
3. Leistungen zur Verfahrens- und Projektsteuerung sowie zur Qualitätssicherung:
   a) Durchführen von Planungsaudits
   b) Vorabstimmungen mit Planungsbeteiligten und Fachbehörden
   c) Aufstellen und Überwachen von integrierten Terminplänen
   d) Vor- und Nachbereiten von planungsbezogenen Sitzungen
   e) Koordinieren von Planungsbeteiligten
   f) Moderation von Planungsverfahren
   g) Ausarbeiten von Leistungskatalogen für Leistungen Dritter
   h) Mitwirken bei Vergabeverfahren für Leistungen Dritter (Einholung von Angeboten, Vergabevorschläge)
   i) Prüfen und Bewerten von Leistungen Dritter
   j) Mitwirken beim Ermitteln von Fördermöglichkeiten
   k) Stellungnahmen zu Einzelvorhaben während der Planaufstellung
4. Leistungen zur Vorbereitung und inhaltlichen Ergänzung:
   a) Erstellen digitaler Geländemodelle
   b) Digitalisieren von Unterlagen
   c) Anpassen von Datenformaten
   d) Erarbeiten einer einheitlichen Planungsgrundlage aus unterschiedlichen Unterlagen
   e) Strukturanalysen
   f) Stadtbildanalysen, Landschaftsbildanalysen

g) Statistische und örtliche Erhebungen sowie Bedarfsermittlungen, zum Beispiel zur Versorgung, zur Wirtschafts-, Sozial- und Baustruktur sowie zur soziokulturellen Struktur
h) Befragungen und Interviews
i) Differenziertes Erheben, Kartieren, Analysieren und Darstellen von spezifischen Merkmalen und Nutzungen
j) Erstellen von Beiplänen, zum Beispiel für Verkehr, Infrastruktureinrichtungen, Flurbereinigungen, Grundbesitzkarten und Gütekarten unter Berücksichtigung der Pläne anderer an der Planung fachlich Beteiligter
k) Modelle
l) Erstellen zusätzlicher Hilfsmittel der Darstellung zum Beispiel Fotomontagen, 3D-Darstellungen, Videopräsentationen

5. Verfahrensbegleitende Leistungen:
   a) Vorbereiten und Durchführen des Scopings
   b) Vorbereiten, Durchführen, Auswerten und Dokumentieren der formellen Beteiligungsverfahren
   c) Ermitteln der voraussichtlich erheblichen Umweltauswirkungen für die Umweltprüfung
   d) Erarbeiten des Umweltberichtes
   e) Berechnen und Darstellen der Umweltschutzmaßnahmen
   f) Bearbeiten der Anforderungen aus der naturschutzrechtlichen Eingriffsregelung in Bauleitplanungsverfahren
   g) Erstellen von Sitzungsvorlagen, Arbeitsheften und anderen Unterlagen
   h) Wesentliche Änderungen oder Neubearbeitung des Entwurfs nach Offenlage oder Beteiligungen, insbesondere nach Stellungnahmen
   i) Ausarbeiten der Beratungsunterlagen der Gemeinde zu Stellungnahmen im Rahmen der formellen Beteiligungsverfahren
   j) Leistungen für die Drucklegung, Erstellen von Mehrausfertigungen
   k) Überarbeiten von Planzeichnungen und von Begründungen nach der Beschlussfassung (zum Beispiel Satzungsbeschluss)
   l) Verfassen von Bekanntmachungstexten und Organisation der öffentlichen Bekanntmachungen
   m) Mitteilen des Ergebnisses der Prüfung der Stellungnahmen an die Beteiligten
   n) Benachrichtigen von Bürgern und Behörden, die Stellungnahmen abgegeben haben, über das Abwägungsergebnis
   o) Erstellen der Verfahrensdokumentation
   p) Erstellen und Fortschreiben eines digitalen Planungsordners
   q) Mitwirken an der Öffentlichkeitsarbeit des Auftraggebers einschließlich Mitwirken an Informationsschriften und öffentlichen Diskussionen sowie Erstellen der dazu notwendigen Planungsunterlagen und Schriftsätze

r) Teilnehmen an Sitzungen von politischen Gremien des Auftraggebers oder an Sitzungen im Rahmen der Öffentlichkeitsbeteiligung
s) Mitwirken an Anhörungs- oder Erörterungsterminen
t) Leiten bzw. Begleiten von Arbeitsgruppen
u) Erstellen der zusammenfassenden Erklärung nach dem Baugesetzbuch
v) Anwenden komplexer Bilanzierungsverfahren im Rahmen der naturschutzrechtlichen Eingriffsregelung
w) Erstellen von Bilanzen nach fachrechtlichen Vorgaben
x) Entwickeln von Monitoringkonzepten und -maßnahmen
y) Ermitteln von Eigentumsverhältnissen, insbesondere Klären der Verfügbarkeit von geeigneten Flächen für Maßnahmen

6. Weitere besondere Leistungen bei landschaftsplanerischen Leistungen:
a) Erarbeiten einer Planungsraumanalyse im Rahmen einer Umweltverträglichkeitsstudie
b) Mitwirken an der Prüfung der Verpflichtung, zu einem Vorhaben oder einer Planung eine Umweltverträglichkeitsprüfung durchzuführen (Screening)
c) Erstellen einer allgemein verständlichen nichttechnischen Zusammenfassung nach dem Gesetz über die Umweltverträglichkeitsprüfung
d) Daten aus vorhandenen Unterlagen im Einzelnen ermitteln und aufbereiten
e) Örtliche Erhebungen, die nicht überwiegend der Kontrolle der aus Unterlagen erhobenen Daten dienen
f) Erstellen eines eigenständigen allgemein verständlichen Erläuterungsberichtes für Genehmigungsverfahren oder qualifizierende Zuarbeiten hierzu
g) Erstellen von Unterlagen im Rahmen von artenschutzrechtlichen Prüfungen oder Prüfungen zur Vereinbarkeit mit der Fauna-Flora-Habitat-Richtlinie
h) Kartieren von Biotoptypen, floristischen oder faunistischen Arten oder Artengruppen
i) Vertiefendes Untersuchen des Naturhaushalts, wie z. B. der Geologie, Hydrogeologie, Gewässergüte und -morphologie, Bodenanalysen
j) Mitwirken an Beteiligungsverfahren in der Bauleitplanung
k) Mitwirken an Genehmigungsverfahren nach fachrechtlichen Vorschriften
l) Fortführen der mit dem Auftraggeber abgestimmten Fassung im Rahmen eines Genehmigungsverfahrens, Erstellen einer genehmigungsfähigen Fassung auf der Grundlage von Anregungen Dritter.

Anlage 10 Grundleistungen im Leistungsbild Gebäude und Innenräume, Besondere Leistungen, Objektlisten (zu § 34 Absatz 4, § 35 Absatz 7)

10.1 Leistungsbild Gebäude und Innenräume

Grundleistungen	Besondere Leistungen
LPH 1 Grundlagenermittlung	
a) Klären der Aufgabenstellung auf Grundlage der Vorgaben oder der Bedarfsplanung des Auftraggebers b) Ortsbesichtigung c) Beraten zum gesamten Leistungs- und Untersuchungsbedarf d) Formulieren der Entscheidungshilfen für die Auswahl anderer an der Planung fachlich Beteiligter e) Zusammenfassen, Erläutern und Dokumentieren der Ergebnisse	– Bedarfsplanung – Bedarfsermittlung – Aufstellen eines Funktionsprogramms – Aufstellen eines Raumprogramms – Standortanalyse – Mitwirken bei Grundstücks- und Objektauswahl, -beschaffung und -übertragung – Beschaffen von Unterlagen, die für das Vorhaben erheblich sind – Bestandsaufnahme – technische Substanzerkundung – Betriebsplanung – Prüfen der Umwelterheblichkeit – Prüfen der Umweltverträglichkeit – Machbarkeitsstudie – Wirtschaftlichkeitsuntersuchung – Projektstrukturplanung – Zusammenstellen der Anforderungen aus Zertifizierungssystemen – Verfahrensbetreuung, Mitwirken bei der Vergabe von Planungs- und Gutachterleistungen
LPH 2 Vorplanung (Projekt- und Planungsvorbereitung)	
a) Analysieren der Grundlagen, Abstimmen der Leistungen mit den fachlich an der Planung Beteiligten b) Abstimmen der Zielvorstellungen, Hinweisen auf Zielkonflikte c) Erarbeiten der Vorplanung, Untersuchen, Darstellen und Bewerten von Varianten nach gleichen Anforderungen, Zeichnungen im Maßstab nach Art und Größe des Objekts	– Aufstellen eines Katalogs für die Planung und Abwicklung der Programmziele – Untersuchen alternativer Lösungsansätze nach verschiedenen Anforderungen einschließlich Kostenbewertung – Beachten der Anforderungen des vereinbarten Zertifizierungssystems – Durchführen des Zertifizierungssystems – Ergänzen der Vorplanungsunterlagen auf Grund besonderer Anforderungen

<table>
<tr><th>Grundleistungen</th><th>Besondere Leistungen</th></tr>
<tr><td>d) Klären und Erläutern der wesentlichen Zusammenhänge, Vorgaben und Bedingungen (zum Beispiel städtebauliche, gestalterische, funktionale, technische, wirtschaftliche, ökologische, bauphysikalische, energiewirtschaftliche, soziale, öffentlich-rechtliche)
e) Bereitstellen der Arbeitsergebnisse als Grundlage für die anderen an der Planung fachlich Beteiligten sowie Koordination und Integration von deren Leistungen
f) Vorverhandlungen über die Genehmigungsfähigkeit
g) Kostenschätzung nach DIN 276, Vergleich mit den finanziellen Rahmenbedingungen
h) Erstellen eines Terminplans mit den wesentlichen Vorgängen des Planungs- und Bauablaufs
i) Zusammenfassen, Erläutern und Dokumentieren der Ergebnisse</td><td>– Aufstellen eines Finanzierungsplanes
– Mitwirken bei der Kredit- und Fördermittelbeschaffung
– Durchführen von Wirtschaftlichkeitsuntersuchungen
– Durchführen der Voranfrage (Bauanfrage)
– Anfertigen von besonderen Präsentationshilfen, die für die Klärung im Vorentwurfsprozess nicht notwendig sind, zum Beispiel
  – Präsentationsmodelle
  – Perspektivische Darstellungen
  – Bewegte Darstellung/Animation
  – Farb- und Materialcollagen
  – digitales Geländemodell
– 3-D oder 4-D Gebäudemodellbearbeitung (Building Information Modelling BIM)
– Aufstellen einer vertieften Kostenschätzung nach Positionen einzelner Gewerke
– Fortschreiben des Projektstrukturplanes
– Aufstellen von Raumbüchern
– Erarbeiten und Erstellen von besonderen bauordnungsrechtlichen Nachweisen für den vorbeugenden und organisatorischen Brandschutz bei baulichen Anlagen besonderer Art und Nutzung, Bestandsbauten oder im Falle von Abweichungen von der Bauordnung</td></tr>
<tr><td colspan="2">LPH 3 Entwurfsplanung (System- und Integrationsplanung)</td></tr>
<tr><td>a) Erarbeiten der Entwurfsplanung, unter weiterer Berücksichtigung der wesentlichen Zusammenhänge, Vorgaben und Bedingungen (zum Beispiel städtebauliche, gestalterische, funktionale, technische, wirtschaftliche, ökologische, soziale, öffentlich-rechtliche) auf der Grundlage der Vorplanung und als Grundlage für die weiteren Leistungsphasen und die erforderlichen öffentlich-rechtlichen Genehmigungen unter Verwendung der Beiträge anderer an der Planung fachlich Beteiligter. Zeichnungen nach Art und</td><td>– Analyse der Alternativen/Varianten und deren Wertung mit Kostenuntersuchung (Optimierung)
– Wirtschaftlichkeitsberechnung
– Aufstellen und Fortschreiben einer vertieften Kostenberechnung
– Fortschreiben von Raumbüchern</td></tr>
</table>

Grundleistungen	Besondere Leistungen
Größe des Objekts im erforderlichen Umfang und Detaillierungsgrad unter Berücksichtigung aller fachspezifischen Anforderungen, zum Beispiel bei Gebäuden im Maßstab 1:100, zum Beispiel bei Innenräumen im Maßstab 1:50 bis 1:20 b) Bereitstellen der Arbeitsergebnisse als Grundlage für die anderen an der Planung fachlich Beteiligten sowie Koordination und Integration von deren Leistungen c) Objektbeschreibung d) Verhandlungen über die Genehmigungsfähigkeit e) Kostenberechnung nach DIN 276 und Vergleich mit der Kostenschätzung f) Fortschreiben des Terminplans g) Zusammenfassen, Erläutern und Dokumentieren der Ergebnisse	
LPH 4 Genehmigungsplanung	
a) Erarbeiten und Zusammenstellen der Vorlagen und Nachweise für öffentlich-rechtliche Genehmigungen oder Zustimmungen einschließlich der Anträge auf Ausnahmen und Befreiungen, sowie notwendiger Verhandlungen mit Behörden unter Verwendung der Beiträge anderer an der Planung fachlich Beteiligter b) Einreichen der Vorlagen c) Ergänzen und Anpassen der Planungsunterlagen, Beschreibungen und Berechnungen	– Mitwirken bei der Beschaffung der nachbarlichen Zustimmung – Nachweise, insbesondere technischer, konstruktiver und bauphysikalischer Art, für die Erlangung behördlicher Zustimmungen im Einzelfall – Fachliche und organisatorische Unterstützung des Bauherrn im Widerspruchsverfahren, Klageverfahren oder ähnlichen Verfahren
LPH 5 Ausführungsplanung	
a) Erarbeiten der Ausführungsplanung mit allen für die Ausführung notwendigen Einzelangaben (zeichnerisch und textlich) auf der Grundlage der Entwurfs- und Genehmigungsplanung bis zur ausführungsreifen Lösung, als Grundlage für die weiteren Leistungsphasen	– Aufstellen einer detaillierten Objektbeschreibung als Grundlage der Leistungsbeschreibung mit Leistungsprogramm[1]

1 Diese Besondere Leistung wird bei Leistungsbeschreibung mit Leistungsprogramm ganz oder teilweise Grundleistung. In diesem Fall entfallen die entsprechenden Grundleistungen dieser Leistungsphase.

Grundleistungen	Besondere Leistungen
b) Ausführungs-, Detail- und Konstruktionszeichnungen nach Art und Größe des Objekts im erforderlichen Umfang und Detaillierungsgrad unter Berücksichtigung aller fachspezifischen Anforderungen, zum Beispiel bei Gebäuden im Maßstab 1:50 bis 1:1, zum Beispiel bei Innenräumen im Maßstab 1:20 bis 1:1 c) Bereitstellen der Arbeitsergebnisse als Grundlage für die anderen an der Planung fachlich Beteiligten, sowie Koordination und Integration von deren Leistungen d) Fortschreiben des Terminplans e) Fortschreiben der Ausführungsplanung auf Grund der gewerkeorientierten Bearbeitung während der Objektausführung f) Überprüfen erforderlicher Montagepläne der vom Objektplaner geplanten Baukonstruktionen und baukonstruktiven Einbauten auf Übereinstimmung mit der Ausführungsplanung	– Prüfen der vom bauausführenden Unternehmen auf Grund der Leistungsbeschreibung mit Leistungsprogramm ausgearbeiteten Ausführungspläne auf Übereinstimmung mit der Entwurfsplanung[2] – Fortschreiben von Raumbüchern in detaillierter Form – Mitwirken beim Anlagenkennzeichnungssystem (AKS) – Prüfen und Anerkennen von Plänen Dritter, nicht an der Planung fachlich Beteiligter auf Übereinstimmung mit den Ausführungsplänen (zum Beispiel Werkstattzeichnungen von Unternehmen, Aufstellungs- und Fundamentpläne nutzungsspezifischer oder betriebstechnischer Anlagen), soweit die Leistungen Anlagen betreffen, die in den anrechenbaren Kosten nicht erfasst sind
LPH 6 Vorbereitung der Vergabe	
a) Aufstellen eines Vergabeterminplans b) Aufstellen von Leistungsbeschreibungen mit Leistungsverzeichnissen nach Leistungsbereichen, Ermitteln und Zusammenstellen von Mengen auf der Grundlage der Ausführungsplanung unter Verwendung der Beiträge anderer an der Planung fachlich Beteiligter c) Abstimmen und Koordinieren der Schnittstellen zu den Leistungsbeschreibungen der an der Planung fachlich Beteiligten	– Aufstellen der Leistungsbeschreibungen mit Leistungsprogramm auf der Grundlage der detaillierten Objektbeschreibung[3] – Aufstellen von alternativen Leistungsbeschreibungen für geschlossene Leistungsbereiche – Aufstellen von vergleichenden Kostenübersichten unter Auswertung der Beiträge anderer an der Planung fachlich Beteiligter

2 Diese Besondere Leistung wird bei Leistungsbeschreibung mit Leistungsprogramm ganz oder teilweise Grundleistung. In diesem Fall entfallen die entsprechenden Grundleistungen dieser Leistungsphase.

3 Diese Besondere Leistung wird bei einer Leistungsbeschreibung mit Leistungsprogramm ganz oder teilweise zur Grundleistung. In diesem Fall entfallen die entsprechenden Grundleistungen dieser Leistungsphase.

<table>
<tr><th>Grundleistungen</th><th>Besondere Leistungen</th></tr>
<tr><td>d) Ermitteln der Kosten auf der Grundlage vom Planer bepreister Leistungsverzeichnisse
e) Kostenkontrolle durch Vergleich der vom Planer bepreisten Leistungsverzeichnisse mit der Kostenberechnung
f) Zusammenstellen der Vergabeunterlagen für alle Leistungsbereiche</td><td></td></tr>
<tr><td colspan="2">LPH 7 Mitwirkung bei der Vergabe</td></tr>
<tr><td>a) Koordinieren der Vergaben der Fachplaner
b) Einholen von Angeboten
c) Prüfen und Werten der Angebote einschließlich Aufstellen eines Preisspiegels nach Einzelpositionen oder Teilleistungen, Prüfen und Werten der Angebote zusätzlicher und geänderter Leistungen der ausführenden Unternehmen und der Angemessenheit der Preise
d) Führen von Bietergesprächen
e) Erstellen der Vergabevorschläge, Dokumentation des Vergabeverfahrens
f) Zusammenstellen der Vertragsunterlagen für alle Leistungsbereiche
g) Vergleichen der Ausschreibungsergebnisse mit den vom Planer bepreisten Leistungsverzeichnissen oder der Kostenberechnung
h) Mitwirken bei der Auftragserteilung</td><td>– Prüfen und Werten von Nebenangeboten mit Auswirkungen auf die abgestimmte Planung
– Mitwirken bei der Mittelabflussplanung
– Fachliche Vorbereitung und Mitwirken bei Nachprüfungsverfahren
– Mitwirken bei der Prüfung von bauwirtschaftlich begründeten Nachtragsangeboten
– Prüfen und Werten der Angebote aus Leistungsbeschreibung mit Leistungsprogramm einschließlich Preisspiegel[4]
– Aufstellen, Prüfen und Werten von Preisspiegeln nach besonderen Anforderungen</td></tr>
<tr><td colspan="2">LPH 8 Objektüberwachung (Bauüberwachung) und Dokumentation</td></tr>
<tr><td>a) Überwachen der Ausführung des Objektes auf Übereinstimmung mit der öffentlich-rechtlichen Genehmigung oder Zustimmung, den Verträgen mit ausführenden Unternehmen, den Ausführungsunterlagen, den einschlägigen Vorschriften sowie mit den allgemein anerkannten Regeln der Technik
b) Überwachen der Ausführung von Tragwerken mit sehr geringen und geringen Planungsanforderungen auf Übereinstimmung mit dem Standsicherheitsnachweis</td><td>– Aufstellen, Überwachen und Fortschreiben eines Zahlungsplanes
– Aufstellen, Überwachen und Fortschreiben von differenzierten Zeit-, Kosten- oder Kapazitätsplänen
– Tätigkeit als verantwortlicher Bauleiter, soweit diese Tätigkeit nach jeweiligem Landesrecht über die Grundleistungen der LPH 8 hinausgeht</td></tr>
</table>

4 Diese Besondere Leistung wird bei Leistungsbeschreibung mit Leistungsprogramm ganz oder teilweise Grundleistung. In diesem Fall entfallen die entsprechenden Grundleistungen dieser Leistungsphase.

Grundleistungen	Besondere Leistungen
c) Koordinieren der an der Objektüberwachung fachlich Beteiligten d) Aufstellen, Fortschreiben und Überwachen eines Terminplans (Balkendiagramm) e) Dokumentation des Bauablaufs (zum Beispiel Bautagebuch) f) Gemeinsames Aufmaß mit den ausführenden Unternehmen g) Rechnungsprüfung einschließlich Prüfen der Aufmaße der bauausführenden Unternehmen h) Vergleich der Ergebnisse der Rechnungsprüfungen mit den Auftragssummen einschließlich Nachträgen i) Kostenkontrolle durch Überprüfen der Leistungsabrechnung der bauausführenden Unternehmen im Vergleich zu den Vertragspreisen j) Kostenfeststellung, zum Beispiel nach DIN 276 k) Organisation der Abnahme der Bauleistungen unter Mitwirkung anderer an der Planung und Objektüberwachung fachlich Beteiligter, Feststellung von Mängeln, Abnahmeempfehlung für den Auftraggeber l) Antrag auf öffentlich-rechtliche Abnahmen und Teilnahme daran m) Systematische Zusammenstellung der Dokumentation, zeichnerischen Darstellungen und rechnerischen Ergebnisse des Objekts n) Übergabe des Objekts o) Auflisten der Verjährungsfristen für Mängelansprüche p) Überwachen der Beseitigung der bei der Abnahme festgestellten Mängel	
LPH 9 Objektbetreuung	
a) Fachliche Bewertung der innerhalb der Verjährungsfristen für Gewährleistungsansprüche festgestellten Mängel, längstens jedoch bis zum Ablauf von fünf Jahren seit Abnahme der Leistung, einschließlich notwendiger Begehungen	– Überwachen der Mängelbeseitigung innerhalb der Verjährungsfrist – Erstellen einer Gebäudebestandsdokumentation, – Aufstellen von Ausrüstungs- und Inventarverzeichnissen

Grundleistungen	Besondere Leistungen
b) Objektbegehung zur Mängelfeststellung vor Ablauf der Verjährungsfristen für Mängelansprüche gegenüber den ausführenden Unternehmen c) Mitwirken bei der Freigabe von Sicherheitsleistungen	– Erstellen von Wartungs- und Pflegeanweisungen – Erstellen eines Instandhaltungskonzepts – Objektbeobachtung – Objektverwaltung – Baubegehungen nach Übergabe – Aufbereiten der Planungs- und Kostendaten für eine Objektdatei oder Kostenrichtwerte – Evaluieren von Wirtschaftlichkeitsberechnungen

10.2 Objektliste Gebäude

Nachstehende Gebäude werden in der Regel folgenden Honorarzonen zugerechnet.

	Honorarzone				
Objektliste Gebäude	I	II	III	IV	V
Wohnen					
– Einfache Behelfsbauten für vorübergehende Nutzung	x				
– Einfache Wohnbauten mit gemeinschaftlichen Sanitär- und Kücheneinrichtungen		x			
– Einfamilienhäuser, Wohnhäuser oder Hausgruppen in verdichteter Bauweise			x	x	
– Wohnheime, Gemeinschaftsunterkünfte, Jugendherbergen, -freizeitzentren, -stätten			x	x	
Ausbildung/Wissenschaft/Forschung					
– Offene Pausen-, Spielhallen	x				
– Studentenhäuser			x	x	
– Schulen mit durchschnittlichen Planungsanforderungen, zum Beispiel Grundschulen, weiterführende Schulen und Berufsschulen			x		
– Schulen mit hohen Planungsanforderungen, Bildungszentren, Hochschulen, Universitäten, Akademien				x	
– Hörsaal-, Kongresszentren				x	
– Labor- oder Institutsgebäude				x	x
Büro/Verwaltung/Staat/Kommune					
– Büro-, Verwaltungsgebäude			x	x	
– Wirtschaftsgebäude, Bauhöfe			x	x	
– Parlaments-, Gerichtsgebäude				x	
– Bauten für den Strafvollzug				x	x

	Honorarzone				
Objektliste Gebäude	I	II	III	IV	V
– Feuerwachen, Rettungsstationen			x	x	
– Sparkassen- oder Bankfilialen			x	x	
– Büchereien, Bibliotheken, Archive			x	x	
Gesundheit/Betreuung					
– Liege- oder Wandelhallen	x				
– Kindergärten, Kinderhorte			x		
– Jugendzentren, Jugendfreizeitstätten			x		
– Betreuungseinrichtungen, Altentagesstätten			x		
– Pflegeheime oder Bettenhäuser, ohne oder mit medizinisch-technischer Einrichtungen,			x	x	
– Unfall-, Sanitätswachen, Ambulatorien		x	x		
– Therapie- oder Rehabilitations-Einrichtungen, Gebäude für Erholung, Kur oder Genesung			x	x	
– Hilfskrankenhäuser			x		
– Krankenhäuser der Versorgungsstufe I oder II, Krankenhäuser besonderer Zweckbestimmung				x	
– Krankenhäuser der Versorgungsstufe III, Universitätskliniken					x
Handel und Verkauf/Gastgewerbe					
– Einfache Verkaufslager, Verkaufsstände, Kioske		x			
– Ladenbauten, Discounter, Einkaufszentren, Märkte, Messehallen			x	x	
– Gebäude für Gastronomie, Kantinen oder Mensen			x	x	
– Großküchen, mit oder ohne Speiseräume				x	
– Pensionen, Hotels			x	x	
Freizeit/Sport					
– Einfache Tribünenbauten		x			
– Bootshäuser		x			
– Turn- oder Sportgebäude			x	x	
– Mehrzweckhallen, Hallenschwimmbäder, Großsportstätten				x	x
Gewerbe/Industrie/Landwirtschaft					
– Einfache Landwirtschaftliche Gebäude, zum Beispiel Feldscheunen, Einstellhallen	x				
– Landwirtschaftliche Betriebsgebäude, Stallanlagen		x	x	x	
– Gewächshäuser für die Produktion		x			
– Einfache geschlossene, eingeschossige Hallen, Werkstätten		x			

	Honorarzone				
Objektliste Gebäude	I	II	III	IV	V
– Spezielle Lagergebäude, zum Beispiel Kühlhäuser			x		
– Werkstätten, Fertigungsgebäude des Handwerks oder der Industrie		x	x	x	
– Produktionsgebäude der Industrie			x	x	x
Infrastruktur					
– Offene Verbindungsgänge, Überdachungen, zum Beispiel Wetterschutzhäuser, Carports	x				
– Einfache Garagenbauten		x			
– Parkhäuser, -garagen, Tiefgaragen, jeweils mit integrierten weiteren Nutzungsarten		x	x		
– Bahnhöfe oder Stationen verschiedener öffentlicher Verkehrsmittel				x	
– Flughäfen				x	x
– Energieversorgungszentralen, Kraftwerksgebäude, Großkraftwerke				x	x
Kultur-/Sakralbauten					
– Pavillons für kulturelle Zwecke		x	x		
– Bürger-, Gemeindezentren, Kultur-/Sakralbauten, Kirchen				x	
– Mehrzweckhallen für religiöse oder kulturelle Zwecke				x	
– Ausstellungsgebäude, Lichtspielhäuser			x	x	
– Museen				x	x
– Theater-, Opern-, Konzertgebäude				x	x
– Studiogebäude für Rundfunk oder Fernsehen				x	x

10.3 Objektliste Innenräume

Nachstehende Innenräume werden in der Regel folgenden Honorarzonen zugerechnet:

	Honorarzone				
Objektliste Innenräume	I	II	III	IV	V
– Einfachste Innenräume für vorübergehende Nutzung ohne oder mit einfachsten seriellen Einrichtungsgegenständen	x				
– Innenräume mit geringer Planungsanforderung, unter Verwendung von serienmäßig hergestellten Möbeln und Ausstattungsgegenständen einfacher Qualität, ohne technische Ausstattung		x			

	Honorarzone				
Objektliste Innenräume	I	II	III	IV	V
– Innenräume mit durchschnittlicher Planungsanforderung, zum überwiegenden Teil unter Verwendung von serienmäßig hergestellten Möbeln und Ausstattungsgegenständen oder mit durchschnittlicher technischer Ausstattung			x		
– Innenräume mit hohen Planungsanforderungen, unter Mitverwendung von serienmäßig hergestellten Möbeln und Ausstattungsgegenständen gehobener Qualität oder gehobener technischer Ausstattung				x	
– Innenräume mit sehr hohen Planungsanforderungen, unter Verwendung von aufwendiger Einrichtung oder Ausstattung oder umfangreicher technischer Ausstattung					x
Wohnen					
– Einfachste Räume ohne Einrichtung oder für vorübergehende Nutzung	x				
– Einfache Wohnräume mit geringen Anforderungen an Gestaltung oder Ausstattung		x			
– Wohnräume mit durchschnittlichen Anforderungen, serielle Einbauküchen			x		
– Wohnräume in Gemeinschaftsunterkünften oder Heimen			x		
– Wohnräume gehobener Anforderungen, individuell geplante Küchen und Bäder				x	
– Dachgeschoßausbauten, Wintergärten				x	
– Individuelle Wohnräume in anspruchsvoller Gestaltung mit aufwendiger Einrichtung, Ausstattung und technischer Ausrüstung					x
Ausbildung/Wissenschaft/Forschung					
– Einfache offene Hallen	x				
– Lager- oder Nebenräume mit einfacher Einrichtung oder Ausstattung		x			
– Gruppenräume zum Beispiel in Kindergärten, Kinderhorten, Jugendzentren, Jugendherbergen, Jugendheimen			x	x	
– Klassenzimmer, Hörsäle, Seminarräume, Büchereien, Mensen			x	x	
– Aulen, Bildungszentren, Bibliotheken, Labore, Lehrküchen mit oder ohne Speise- oder Aufenthaltsräume, Fachunterrichtsräume mit technischer Ausstattung				x	

	Honorarzone				
Objektliste Innenräume	I	II	III	IV	V
– Kongress-, Konferenz-, Seminar-, Tagungsbereiche mit individuellem Ausbau und Einrichtung und umfangreicher technischer Ausstattung				x	
– Räume wissenschaftlicher Forschung mit hohen Ansprüchen und technischer Ausrüstung					x
Büro/Verwaltung/Staat/Kommune					
– Innere Verkehrsflächen	x				
– Post-, Kopier-, Putz- oder sonstige Nebenräume ohne baukonstruktive Einbauten		x			
– Büro-, Verwaltungs-, Aufenthaltsräume mit durchschnittlichen Anforderungen, Treppenhäuser, Wartehallen, Teeküchen			x		
– Räume für sanitäre Anlagen, Werkräume, Wirtschaftsräume, Technikräume			x		
– Eingangshallen, Sitzungs- oder Besprechungsräume, Kantinen, Sozialräume			x	x	
– Kundenzentren, -ausstellungen, -präsentationen			x	x	
– Versammlungs-, Konferenzbereiche, Gerichtssäle, Arbeitsbereiche von Führungskräften mit individueller Gestaltung oder Einrichtung oder gehobener technischer Ausstattung				x	
– Geschäfts-, Versammlungs- oder Konferenzräume mit anspruchsvollem Ausbau oder anspruchsvoller Einrichtung, aufwendiger Ausstattung oder sehr hohen technischen Anforderungen					x
Gesundheit/Betreuung					
– Offene Spiel- oder Wandelhallen	x				
– Einfache Ruhe- oder Nebenräume		x			
– Sprech-, Betreuungs-, Patienten-, Heimzimmer oder Sozialräume mit durchschnittlichen Anforderungen ohne medizintechnische Ausrüstung			x		
– Behandlungs- oder Betreuungsbereiche mit medizintechnischer Ausrüstung oder Einrichtung in Kranken-, Therapie-, Rehabilitations- oder Pflegeeinrichtungen, Arztpraxen				x	
– Operations-, Kreißsäle, Röntgenräume				x	x
Handel/Gastgewerbe					
– Verkaufsstände für vorübergehende Nutzung	x				
– Kioske, Verkaufslager, Nebenräume mit einfacher Einrichtung und Ausstattung		x			

	Honorarzone				
Objektliste Innenräume	I	II	III	IV	V
– Durchschnittliche Laden- oder Gasträume, Einkaufsbereiche, Schnellgaststätten			x		
– Fachgeschäfte, Boutiquen, Showrooms, Lichtspieltheater, Großküchen				x	
– Messestände, bei Verwendung von System- oder Modulbauteilen			x		
– Individuelle Messestände				x	
– Gasträume, Sanitärbereiche gehobener Gestaltung, zum Beispiel in Restaurants, Bars, Weinstuben, Cafés, Clubräumen				x	
– Gast- oder Sanitärbereiche zum Beispiel in Pensionen oder Hotels mit durchschnittlichen Anforderungen oder Einrichtungen oder Ausstattungen			x		
– Gast-, Informations- oder Unterhaltungsbereiche in Hotels mit individueller Gestaltung oder Möblierung oder gehobener Einrichtung oder technischer Ausstattung				x	
Freizeit/Sport					
– Neben- oder Wirtschafträume in Sportanlagen oder Schwimmbädern		x			
– Schwimmbäder, Fitness-, Wellness- oder Saunaanlagen, Großsportstätten			x	x	
– Sport-, Mehrzweck- oder Stadthallen, Gymnastikräume, Tanzschulen			x	x	
Gewerbe/Industrie/Landwirtschaft/Verkehr					
– Einfache Hallen oder Werkstätten ohne fachspezifische Einrichtung, Pavillons		x			
– Landwirtschaftliche Betriebsbereiche		x	x		
– Gewerbebereiche, Werkstätten mit technischer oder maschineller Einrichtung			x	x	
– Umfassende Fabrikations- oder Produktionsanlagen				x	
– Räume in Tiefgaragen, Unterführungen		x			
– Gast- oder Betriebsbereiche in Flughäfen, Bahnhöfen				x	x
Kultur-/Sakralbauten					
– Kultur- oder Sakralbereiche, Kirchenräume				x	x
– Individuell gestaltete Ausstellungs-, Museums- oder Theaterbereiche				x	x
– Konzert- oder Theatersäle, Studioräume für Rundfunk, Fernsehen oder Theater					x

Anlage 11 Grundleistungen im Leistungsbild Freianlagen, Besondere Leistungen, Objektliste (zu § 39 Absatz 4, § 40 Absatz 5)

11.1 Leistungsbild Freianlagen

Grundleistungen	Besondere Leistungen
LPH 1 Grundlagenermittlung	
a) Klären der Aufgabenstellung auf Grund der Vorgaben oder der Bedarfsplanung des Auftraggebers oder vorliegender Planungs- und Genehmigungsunterlagen b) Ortsbesichtigung c) Beraten zum gesamten Leistungs- und Untersuchungsbedarf d) Formulieren von Entscheidungshilfen für die Auswahl anderer an der Planung fachlich Beteiligter e) Zusammenfassen, Erläutern und Dokumentieren der Ergebnisse	– Mitwirken bei der öffentlichen Erschließung – Kartieren und Untersuchen des Bestandes, Floristische oder faunistische Kartierungen – Begutachtung des Standortes mit besonderen Methoden zum Beispiel Bodenanalysen – Beschaffen bzw. Aktualisieren bestehender Planunterlagen, Erstellen von Bestandskarten
LPH 2 Vorplanung (Projekt- und Planungsvorbereitung)	
a) Analysieren der Grundlagen, Abstimmen der Leistungen mit den fachlich an der Planung Beteiligten b) Abstimmen der Zielvorstellungen c) Erfassen, Bewerten und Erläutern der Wechselwirkungen im Ökosystem d) Erarbeiten eines Planungskonzepts einschließlich Untersuchen und Bewerten von Varianten nach gleichen Anforderungen unter Berücksichtigung zum Beispiel – der Topographie und der weiteren standörtlichen und ökologischen Rahmenbedingungen, – der Umweltbelange einschließlich der natur- und artenschutzrechtlichen Anforderungen und der vegetationstechnischen Bedingungen, – der gestalterischen und funktionalen Anforderungen, – Klären der wesentlichen Zusammenhänge, Vorgänge und Bedingungen,	– Umweltfolgenabschätzung – Bestandsaufnahme, Vermessung – Fotodokumentationen – Mitwirken bei der Beantragung von Fördermitteln und Beschäftigungsmaßnahmen – Erarbeiten von Unterlagen für besondere technische Prüfverfahren – Beurteilen und Bewerten der vorhandenen Bausubstanz, Bauteile, Materialien, Einbauten oder der zu schützenden oder zu erhaltenden Gehölze oder Vegetationsbestände

– Abstimmen oder Koordinieren unter Integration der Beiträge anderer an der Planung fachlich Beteiligter e) Darstellen des Vorentwurfs mit Erläuterungen und Angaben zum terminlichen Ablauf f) Kostenschätzung, zum Beispiel nach DIN 276, Vergleich mit den finanziellen Rahmenbedingungen g) Zusammenfassen, Erläutern und Dokumentieren der Vorplanungsergebnisse	
LPH 3 Entwurfsplanung (System- und Integrationsplanung)	
a) Erarbeiten der Entwurfsplanung auf Grundlage der Vorplanung unter Vertiefung zum Beispiel der gestalterischen, funktionalen, wirtschaftlichen, standörtlichen, ökologischen, natur- und artenschutzrechtlichen Anforderungen Abstimmen oder Koordinieren unter Integration der Beiträge anderer an der Planung fachlich Beteiligter b) Abstimmen der Planung mit zu beteiligenden Stellen und Behörden c) Darstellen des Entwurfs zum Beispiel im Maßstab 1:500 bis 1:100, mit erforderlichen Angaben insbesondere – zur Bepflanzung, – zu Materialien und Ausstattungen, – zu Maßnahmen auf Grund rechtlicher Vorgaben, – zum terminlichen Ablauf d) Objektbeschreibung mit Erläuterung von Ausgleichs- und Ersatzmaßnahmen nach Maßgabe der naturschutzrechtlichen Eingriffsregelung e) Kostenberechnung, zum Beispiel nach DIN 276 einschließlich zugehöriger Mengenermittlung f) Vergleich der Kostenberechnung mit der Kostenschätzung g) Zusammenfassen, Erläutern und Dokumentieren der Entwurfsplanungsergebnisse	– Mitwirken beim Beschaffen nachbarlicher Zustimmungen – Erarbeiten besonderer Darstellungen, zum Beispiel Modelle, Perspektiven, Animationen – Beteiligung von externen Initiativ- und Betroffenengruppen bei Planung und Ausführung – Mitwirken bei Beteiligungsverfahren oder Workshops – Mieter- oder Nutzerbefragungen – Erarbeiten von Ausarbeitungen nach den Anforderungen der naturschutzrechtlichen Eingriffsregelung sowie des besonderen Arten- und Biotopschutzrechtes, Eingriffsgutachten, Eingriffs- oder Ausgleichsbilanz nach landesrechtlichen Regelungen – Mitwirken beim Erstellen von Kostenaufstellungen und Planunterlagen für Vermarktung und Vertrieb – Erstellen und Zusammenstellen von Unterlagen für die Beauftragung von Dritten (Sachverständigenbeauftragung) – Mitwirken bei der Beantragung und Abrechnung von Fördermitteln und Beschäftigungsmaßnahmen – Abrufen von Fördermitteln nach Vergleich mit den Ist-Kosten (Baufinanzierungsleistung) – Mitwirken bei der Finanzierungsplanung – Erstellen einer Kosten-Nutzen-Analyse – Aufstellen und Berechnen von Lebenszykluskosten

LPH 4 Genehmigungsplanung	
a) Erarbeiten und Zusammenstellen der Vorlagen und Nachweise für öffentlich-rechtliche Genehmigungen oder Zustimmungen einschließlich der Anträge auf Ausnahmen und Befreiungen sowie notwendiger Verhandlungen mit Behörden unter Verwendung der Beiträge anderer an der Planung fachlich Beteiligter b) Einreichen der Vorlagen c) Ergänzen und Anpassen der Planungsunterlagen, Beschreibungen und Berechnungen	– Teilnahme an Sitzungen in politischen Gremien oder im Rahmen der Öffentlichkeitsbeteiligung – Erstellen von landschaftspflegerischen Fachbeiträgen oder natur- und artenschutzrechtlichen Beiträgen – Mitwirken beim Einholen von Genehmigungen und Erlaubnissen nach Naturschutz-, Fach- und Satzungsrecht – Erfassen, Bewerten und Darstellen des Bestandes gemäß Ortssatzung – Erstellen von Rodungs- und Baumfällanträgen – Erstellen von Genehmigungsunterlagen und Anträgen nach besonderen Anforderungen – Erstellen eines Überflutungsnachweises für Grundstücke – Prüfen von Unterlagen der Planfeststellung auf Übereinstimmung mit der Planung
LPH 5 Ausführungsplanung	
a) Erarbeiten der Ausführungsplanung auf Grundlage der Entwurfs- und Genehmigungsplanung bis zur ausführungsreifen Lösung als Grundlage für die weiteren Leistungsphasen b) Erstellen von Plänen oder Beschreibungen, je nach Art des Bauvorhabens zum Beispiel im Maßstab 1:200 bis 1:50 c) Abstimmen oder Koordinieren unter Integration der Beiträge anderer an der Planung fachlich Beteiligter d) Darstellen der Freianlagen mit den für die Ausführung notwendigen Angaben, Detail- oder Konstruktionszeichnungen, insbesondere – zu Oberflächenmaterial, -befestigungen und -relief, – zu ober- und unterirdischen Einbauten und Ausstattungen, – zur Vegetation mit Angaben zu Arten, Sorten und Qualitäten, – zu landschaftspflegerischen, naturschutzfachlichen oder artenschutzrechtlichen Maßnahmen	– Erarbeitung von Unterlagen für besondere technische Prüfverfahren (zum Beispiel Lastplattendruckversuche) – Auswahl von Pflanzen beim Lieferanten (Erzeuger)

e) Fortschreiben der Angaben zum terminlichen Ablauf f) Fortschreiben der Ausführungsplanung während der Objektausführung	
LPH 6 Vorbereitung der Vergabe	
a) Aufstellen von Leistungsbeschreibungen mit Leistungsverzeichnissen b) Ermitteln und Zusammenstellen von Mengen auf Grundlage der Ausführungsplanung c) Abstimmen oder Koordinieren der Leistungsbeschreibungen mit den an der Planung fachlich Beteiligten d) Aufstellen eines Terminplans unter Berücksichtigung jahreszeitlicher, bauablaufbedingter und witterungsbedingter Erfordernisse e) Ermitteln der Kosten auf Grundlage der vom Planer bepreisten Leistungsverzeichnisse f) Kostenkontrolle durch Vergleich der vom Planer bepreisten Leistungsverzeichnisse mit der Kostenberechnung g) Zusammenstellen der Vergabeunterlagen	– Alternative Leistungsbeschreibung für geschlossene Leistungsbereiche – Besondere Ausarbeitungen zum Beispiel für Selbsthilfearbeiten
LPH 7 Mitwirkung bei der Vergabe	
a) Einholen von Angeboten b) Prüfen und Werten der Angebote einschließlich Aufstellen eines Preisspiegels nach Einzelpositionen oder Teilleistungen, Prüfen und Werten der Angebote zusätzlicher und geänderter Leistungen der ausführenden Unternehmen und der Angemessenheit der Preise c) Führen von Bietergesprächen d) Erstellen der Vergabevorschläge, Dokumentation des Vergabeverfahrens e) Zusammenstellen der Vertragsunterlagen f) Kostenkontrolle durch Vergleichen der Ausschreibungsergebnisse mit den vom Planer bepreisten Leistungsverzeichnissen und der Kostenberechnung g) Mitwirken bei der Auftragserteilung	

LPH 8 Objektüberwachung (Bauüberwachung) und Dokumentation	
a) Überwachen der Ausführung des Objekts auf Übereinstimmung mit der Genehmigung oder Zustimmung, den Verträgen mit ausführenden Unternehmen, den Ausführungsunterlagen, den einschlägigen Vorschriften sowie mit den allgemein anerkannten Regeln der Technik b) Überprüfen von Pflanzen- und Materiallieferungen c) Abstimmen mit den oder Koordinieren der an der Objektüberwachung fachlich Beteiligten d) Fortschreiben und Überwachen des Terminplans unter Berücksichtigung jahreszeitlicher, bauablaufbedingter und witterungsbedingter Erfordernisse e) Dokumentation des Bauablaufes (zum Beispiel Bautagebuch), Feststellen des Anwuchsergebnisses f) Mitwirken beim Aufmaß mit den bauausführenden Unternehmen g) Rechnungsprüfung einschließlich Prüfen der Aufmaße der ausführenden Unternehmen h) Vergleich der Ergebnisse der Rechnungsprüfungen mit den Auftragssummen einschließlich Nachträgen i) Organisation der Abnahme der Bauleistungen unter Mitwirkung anderer an der Planung und Objektüberwachung fachlich Beteiligter, Feststellung von Mängeln, Abnahmeempfehlung für den Auftraggeber j) Antrag auf öffentlich-rechtliche Abnahmen und Teilnahme daran k) Übergabe des Objekts l) Überwachen der Beseitigung der bei der Abnahme festgestellten Mängel m) Auflisten der Verjährungsfristen für Mängelansprüche n) Überwachen der Fertigstellungspflege bei vegetationstechnischen Maßnahmen o) Kostenkontrolle durch Überprüfen der Leistungsabrechnung der bauausführenden Unternehmen im Vergleich zu den Vertragspreisen	– Dokumentation des Bauablaufs nach besonderen Anforderungen des Auftraggebers – fachliches Mitwirken bei Gerichtsverfahren – Bauoberleitung, künstlerische Oberleitung – Erstellen einer Freianlagenbestandsdokumentation

p) Kostenfeststellung, zum Beispiel nach DIN 276 q) Systematische Zusammenstellung der Dokumentation, zeichnerischen Darstellungen und rechnerischen Ergebnisse des Objekts	
LPH 9 Objektbetreuung	
a) Fachliche Bewertung der innerhalb der Verjährungsfristen für Gewährleistungsansprüche festgestellten Mängel, längstens jedoch bis zum Ablauf von 5 Jahren seit Abnahme der Leistung, einschließlich notwendiger Begehungen b) Objektbegehung zur Mängelfeststellung vor Ablauf der Verjährungsfristen für Mängelansprüche gegenüber den ausführenden Unternehmen c) Mitwirken bei der Freigabe von Sicherheitsleistungen	– Überwachung der Entwicklungs- und Unterhaltungspflege – Überwachen von Wartungsleistungen – Überwachen der Mängelbeseitigung innerhalb der Verjährungsfrist

11.2 Objektliste Freianlagen

Nachstehende Freianlagen werden in der Regel folgenden Honorarzonen zugeordnet:

	Honorarzone				
Objekte	I	II	III	IV	V
In der freien Landschaft					
– einfache Geländegestaltung	x				
– Einsaaten in der freien Landschaft	x				
– Pflanzungen in der freien Landschaft oder Windschutzpflanzungen, mit sehr geringen oder geringen Anforderungen	x	x			
– Pflanzungen in der freien Landschaft mit natur- und artenschutzrechtlichen Anforderungen (Kompensationserfordernissen)			x		
– Flächen für den Arten- und Biotopschutz mit differenzierten Gestaltungsansprüchen oder mit Biotopverbundfunktion				x	
– Naturnahe Gewässer- und Ufergestaltung			x		

Anlage 11 (zu § 39 Absatz 4, § 40 Absatz 5)

	Honorarzone				
Objekte	I	II	III	IV	V
– Geländegestaltungen und Pflanzungen für Deponien, Halden und Entnahmestellen mit geringen oder durchschnittlichen Anforderungen		x	x		
– Freiflächen mit einfachem Ausbau bei kleineren Siedlungen, bei Einzelbauwerken und bei landwirtschaftlichen Aussiedlungen		x			
– Begleitgrün zu Objekten, Bauwerken und Anlagen mit geringen oder durchschnittlichen Anforderungen		x	x		
In Stadt- und Ortslagen					
– Grünverbindungen ohne besondere Ausstattung			x		
– innerörtliche Grünzüge, Grünverbindungen mit besonderer Ausstattung				x	
– Freizeitparks und Parkanlagen				x	
– Geländegestaltung ohne oder mit Abstützungen			x	x	
– Begleitgrün zu Objekten, Bauwerken und Anlagen sowie an Ortsrändern		x	x		
– Schulgärten und naturkundliche Lehrpfade und -gebiete				x	
– Hausgärten und Gartenhöfe mit Repräsentationsansprüchen				x	x
Gebäudebegrünung					
– Terrassen- und Dachgärten					x
– Bauwerksbegrünung vertikal und horizontal mit hohen oder sehr hohen Anforderungen				x	x
– Innenbegrünung mit hohen oder sehr hohen Anforderungen				x	x
– Innenhöfe mit hohen oder sehr hohen Anforderungen				x	x
Spiel- und Sportanlagen					
– Ski- und Rodelhänge ohne oder mit technischer Ausstattung	x	x			
– Spielwiesen		x			
– Ballspielplätze, Bolzplätze, mit geringen oder durchschnittlichen Anforderungen		x	x		
– Sportanlagen in der Landschaft, Parcours, Wettkampfstrecken			x		
– Kombinationsspielfelder, Sport-, Tennisplätze und Sportanlagen mit Tennenbelag oder Kunststoff- oder Kunstrasenbelag			x	x	
– Spielplätze				x	
– Sportanlagen Typ A bis C oder Sportstadien				x	x

	Honorarzone				
Objekte	I	II	III	IV	V
– Golfplätze mit besonderen natur- und artenschutzrechtlichen Anforderungen oder in stark reliefiertem Geländeumfeld				x	x
– Freibäder mit besonderen Anforderungen, Schwimmteiche				x	x
– Schul- und Pausenhöfe mit Spiel- und Bewegungsangebot				x	
Sonderanlagen					
– Freilichtbühnen				x	
– Zelt- oder Camping- oder Badeplätze, mit durchschnittlicher oder hoher Ausstattung oder Kleingartenanlagen			x	x	
Objekte					
– Friedhöfe, Ehrenmale, Gedenkstätten, mit hoher oder sehr hoher Ausstattung				x	x
– Zoologische und botanische Gärten					x
– Lärmschutzeinrichtungen				x	
– Garten- und Hallenschauen					x
– Freiflächen im Zusammenhang mit historischen Anlagen, historische Park- und Gartenanlagen, Gartendenkmale					x
Sonstige Freianlagen					
– Freiflächen mit Bauwerksbezug, mit durchschnittlichen topographischen Verhältnissen oder durchschnittlicher Ausstattung			x		
– Freiflächen mit Bauwerksbezug, mit schwierigen oder besonders schwierigen topographischen Verhältnissen oder hoher oder sehr hoher Ausstattung				x	x
– Fußgängerbereiche und Stadtplätze mit hoher oder sehr hoher Ausstattungsintensität				x	x

Anlage 12 Grundleistungen im Leistungsbild Ingenieurbauwerke, Besondere Leistungen, Objektliste (zu § 43 Absatz 4, § 48 Absatz 5)

12.1 Leistungsbild Ingenieurbauwerke

Grundleistungen	Besondere Leistungen
LPH 1 Grundlagenermittlung	
a) Klären der Aufgabenstellung auf Grund der Vorgaben oder der Bedarfsplanung des Auftraggebers b) Ermitteln der Planungsrandbedingungen sowie Beraten zum gesamten Leistungsbedarf c) Formulieren von Entscheidungshilfen für die Auswahl anderer an der Planung fachlich Beteiligter d) bei Objekten nach § 41 Nummer 6 und 7, die eine Tragwerksplanung erfordern: Klären der Aufgabenstellung auch auf dem Gebiet der Tragwerksplanung e) Ortsbesichtigung f) Zusammenfassen, Erläutern und Dokumentieren der Ergebnisse	– Auswahl und Besichtigung ähnlicher Objekte
LPH 2 Vorplanung	
a) Analysieren der Grundlagen b) Abstimmen der Zielvorstellungen auf die öffentlichrechtlichen Randbedingungen sowie Planungen Dritter c) Untersuchen von Lösungsmöglichkeiten mit ihren Einflüssen auf bauliche und konstruktive Gestaltung, Zweckmäßigkeit, Wirtschaftlichkeit unter Beachtung der Umweltverträglichkeit d) Beschaffen und Auswerten amtlicher Karten e) Erarbeiten eines Planungskonzepts einschließlich Untersuchung der alternativen Lösungsmöglichkeiten nach gleichen Anforderungen mit zeichnerischer Darstellung und Bewertung unter Einarbeitung der Beiträge anderer an der Planung fachlich Beteiligter	– Erstellen von Leitungsbestandsplänen – vertiefte Untersuchungen zum Nachweis von Nachhaltigkeitsaspekten – Anfertigen von Nutzen-Kosten-Untersuchungen – Wirtschaftlichkeitsprüfung – Beschaffen von Auszügen aus Grundbuch, Kataster und anderen amtlichen Unterlagen

Grundleistungen	Besondere Leistungen
f) Klären und Erläutern der wesentlichen fachspezifischen Zusammenhänge, Vorgänge und Bedingungen g) Vorabstimmen mit Behörden und anderen an der Planung fachlich Beteiligten über die Genehmigungsfähigkeit, gegebenenfalls Mitwirken bei Verhandlungen über die Bezuschussung und Kostenbeteiligung h) Mitwirken beim Erläutern des Planungskonzepts gegenüber Dritten an bis zu zwei Terminen i) Überarbeiten des Planungskonzepts nach Bedenken und Anregungen j) Kostenschätzung, Vergleich mit den finanziellen Rahmenbedingungen k) Zusammenfassen, Erläutern und Dokumentieren der Ergebnisse	
LPH 3 Entwurfsplanung	
a) Erarbeiten des Entwurfs auf Grundlage der Vorplanung durch zeichnerische Darstellung im erforderlichen Umfang und Detaillierungsgrad unter Berücksichtigung aller fachspezifischen Anforderungen, Bereitstellen der Arbeitsergebnisse als Grundlage für die anderen an der Planung fachlich Beteiligten sowie Integration und Koordination der Fachplanungen b) Erläuterungsbericht unter Verwendung der Beiträge anderer an der Planung fachlich Beteiligter c) fachspezifische Berechnungen ausgenommen Berechnungen aus anderen Leistungsbildern d) Ermitteln und Begründen der zuwendungsfähigen Kosten, Mitwirken beim Aufstellen des Finanzierungsplans sowie Vorbereiten der Anträge auf Finanzierung e) Mitwirken beim Erläutern des vorläufigen Entwurfs gegenüber Dritten an bis zu drei Terminen, Überarbeiten des vorläufigen Entwurfs auf Grund von Bedenken und Anregungen f) Vorabstimmen der Genehmigungsfähigkeit mit Behörden und anderen an der Planung fachlich Beteiligten	– Fortschreiben von Nutzen-Kosten-Untersuchungen – Mitwirken bei Verwaltungsvereinbarungen – Nachweis der zwingenden Gründe des überwiegenden öffentlichen Interesses der Notwendigkeit der Maßnahme (zum Beispiel Gebiets- und Artenschutz gemäß der Richtlinie 92/43/EWG des Rates vom 21. Mai 1992 zur Erhaltung der natürlichen Lebensräume sowie der wildlebenden Tiere und Pflanzen (ABl. L 206 vom 22.7.1992, S. 7) – Fiktivkostenberechnungen (Kostenteilung)

Grundleistungen	Besondere Leistungen
g) Kostenberechnung einschließlich zugehöriger Mengenermittlung, Vergleich der Kostenberechnung mit der Kostenschätzung h) Ermitteln der wesentlichen Bauphasen unter Berücksichtigung der Verkehrslenkung und der Aufrechterhaltung des Betriebes während der Bauzeit i) Bauzeiten- und Kostenplan j) Zusammenfassen, Erläutern und Dokumentieren der Ergebnisse	
LPH 4 Genehmigungsplanung	
a) Erarbeiten und Zusammenstellen der Unterlagen für die erforderlichen öffentlich-rechtlichen Verfahren oder Genehmigungsverfahren einschließlich der Anträge auf Ausnahmen und Befreiungen, Aufstellen des Bauwerksverzeichnisses unter Verwendung der Beiträge anderer an der Planung fachlich Beteiligter b) Erstellen des Grunderwerbsplanes und des Grunderwerbsverzeichnisses unter Verwendung der Beiträge anderer an der Planung fachlich Beteiligter c) Vervollständigen und Anpassen der Planungsunterlagen, Beschreibungen und Berechnungen unter Verwendung der Beiträge anderer an der Planung fachlich Beteiligter d) Abstimmen mit Behörden e) Mitwirken in Genehmigungsverfahren einschließlich der Teilnahme an bis zu vier Erläuterungs-, Erörterungsterminen f) Mitwirken beim Abfassen von Stellungnahmen zu Bedenken und Anregungen in bis zu zehn Kategorien	– Mitwirken bei der Beschaffung der Zustimmung von Betroffenen
LPH 5 Ausführungsplanung	
a) Erarbeiten der Ausführungsplanung auf Grundlage der Ergebnisse der Leistungsphasen 3 und 4 unter Berücksichtigung aller fachspezifischen Anforderungen und Verwendung der Beiträge anderer an der Planung fachlich Beteiligter bis zur ausführungsreifen Lösung	– Objektübergreifende, integrierte Bauablaufplanung – Koordination des Gesamtprojekts – Aufstellen von Ablauf- und Netzplänen

Grundleistungen	Besondere Leistungen
b) Zeichnerische Darstellung, Erläuterungen und zur Objektplanung gehörige Berechnungen mit allen für die Ausführung notwendigen Einzelangaben einschließlich Detailzeichnungen in den erforderlichen Maßstäben c) Bereitstellen der Arbeitsergebnisse als Grundlage für die anderen an der Planung fachlich Beteiligten und Integrieren ihrer Beiträge bis zur ausführungsreifen Lösung d) Vervollständigen der Ausführungsplanung während der Objektausführung	– Planen von Anlagen der Verfahrens- und Prozesstechnik für Ingenieurbauwerke gemäß § 41 Nummer 1 bis 3 und 5, die dem Auftragnehmer übertragen werden, der auch die Grundleistungen für die jeweiligen Ingenieurbauwerke erbringt
LPH 6 Vorbereiten der Vergabe	
a) Ermitteln von Mengen nach Einzelpositionen unter Verwendung der Beiträge anderer an der Planung fachlich Beteiligter b) Aufstellen der Vergabeunterlagen, insbesondere Anfertigen der Leistungsbeschreibungen mit Leistungsverzeichnissen sowie der Besonderen Vertragsbedingungen c) Abstimmen und Koordinieren der Schnittstellen zu den Leistungsbeschreibungen der anderen an der Planung fachlich Beteiligten d) Festlegen der wesentlichen Ausführungsphasen e) Ermitteln der Kosten auf Grundlage der vom Planer (Entwurfsverfasser) bepreisten Leistungsverzeichnisse f) Kostenkontrolle durch Vergleich der vom Planer (Entwurfsverfasser) bepreisten Leistungsverzeichnisse mit der Kostenberechnung g) Zusammenstellen der Vergabeunterlagen	– detaillierte Planung von Bauphasen bei besonderen Anforderungen
LPH 7 Mitwirken bei der Vergabe	
a) Einholen von Angeboten b) Prüfen und Werten der Angebote, Aufstellen des Preisspiegels c) Abstimmen und Zusammenstellen der Leistungen der fachlich Beteiligten, die an der Vergabe mitwirken d) Führen von Bietergesprächen e) Erstellen der Vergabevorschläge, Dokumentation des Vergabeverfahrens f) Zusammenstellen der Vertragsunterlagen	– Prüfen und Werten von Nebenangeboten

Grundleistungen	Besondere Leistungen
g) Vergleichen der Ausschreibungsergebnisse mit den vom Planer bepreisten Leistungsverzeichnissen und der Kostenberechnung h) Mitwirken bei der Auftragserteilung	
LPH 8 Bauoberleitung	

a) Aufsicht über die örtliche Bauüberwachung, Koordinierung der an der Objektüberwachung fachlich Beteiligten, einmaliges Prüfen von Plänen auf Übereinstimmung mit dem auszuführenden Objekt und Mitwirken bei deren Freigabe
b) Aufstellen, Fortschreiben und Überwachen eines Terminplans (Balkendiagramm)
c) Veranlassen und Mitwirken beim Inverzugsetzen der ausführenden Unternehmen
d) Kostenfeststellung, Vergleich der Kostenfeststellung mit der Auftragssumme
e) Abnahme von Bauleistungen, Leistungen und Lieferungen unter Mitwirkung der örtlichen Bauüberwachung und anderer an der Planung und Objektüberwachung fachlich Beteiligter, Feststellen von Mängeln, Fertigung einer Niederschrift über das Ergebnis der Abnahme
f) Überwachen der Prüfungen der Funktionsfähigkeit der Anlagenteile und der Gesamtanlage
g) Antrag auf behördliche Abnahmen und Teilnahme daran
h) Übergabe des Objekts
i) Auflisten der Verjährungsfristen der Mängelansprüche
j) Zusammenstellen und Übergeben der Dokumentation des Bauablaufs, der Bestandsunterlagen und der Wartungsvorschriften
	– Kostenkontrolle
	– Prüfen von Nachträgen
	– Erstellen eines Bauwerksbuchs
	– Erstellen von Bestandsplänen
	– Örtliche Bauüberwachung:
	  – Plausibilitätsprüfung der Absteckung
	  – Überwachen der Ausführung der Bauleistungen
	  – Mitwirken beim Einweisen des Auftragnehmers in die Baumaßnahme (Bauanlaufbesprechung)
	  – Überwachen der Ausführung des Objektes auf Übereinstimmung mit den zur Ausführung freigegebenen Unterlagen, dem Bauvertrag und den Vorgaben des Auftraggebers
	  – Prüfen und Bewerten der Berechtigung von Nachträgen
	  – Durchführen oder Veranlassen von Kontrollprüfungen
	  – Überwachen der Beseitigung der bei der Abnahme der Leistungen festgestellten Mängel
	  – Dokumentation des Bauablaufs
	– Mitwirken beim Aufmaß mit den ausführenden Unternehmen und Prüfen der Aufmaße
	– Mitwirken bei behördlichen Abnahmen
	– Mitwirken bei der Abnahme von Leistungen und Lieferungen
	– Rechnungsprüfung, Vergleich der Ergebnisse der Rechnungsprüfungen mit der Auftragssumme
	– Mitwirken beim Überwachen der Prüfung der Funktionsfähigkeit der Anlagenteile und der Gesamtanlage
	– Überwachen der Ausführung von Tragwerken nach Anlage 14.2 Honorarzone I und II mit sehr geringen und geringen Planungsanforderungen auf Übereinstimmung mit dem Standsicherheitsnachweis

Grundleistungen	Besondere Leistungen
LPH 9 Objektbetreuung	
a) Fachliche Bewertung der innerhalb der Verjährungsfristen für Gewährleistungsansprüche festgestellten Mängel, längstens jedoch bis zum Ablauf von fünf Jahren seit Abnahme der Leistung, einschließlich notwendiger Begehungen b) Objektbegehung zur Mängelfeststellung vor Ablauf der Verjährungsfristen für Mängelansprüche gegenüber den ausführenden Unternehmen c) Mitwirken bei der Freigabe von Sicherheitsleistungen	– Überwachen der Mängelbeseitigung innerhalb der Verjährungsfrist

12.2 Objektliste Ingenieurbauwerke

Nachstehende Objekte werden in der Regel folgenden Honorarzonen zugerechnet:

Gruppe 1 – Bauwerke und Anlagen der Wasserversorgung	Honorarzone				
	I	II	III	IV	V
– Zisternen	x				
– einfache Anlagen zur Gewinnung und Förderung von Wasser, zum Beispiel Quellfassungen, Schachtbrunnen		x			
– Tiefbrunnen			x		
– Brunnengalerien und Horizontalbrunnen				x	
– Leitungen für Wasser ohne Zwangspunkte	x				
– Leitungen für Wasser mit geringen Verknüpfungen und wenigen Zwangspunkten		x			
– Leitungen für Wasser mit zahlreichen Verknüpfungen und mehreren Zwangspunkten			x		
– Einfache Leitungsnetze für Wasser		x			
– Leitungsnetze mit mehreren Verknüpfungen und zahlreichen Zwangspunkten und mit einer Druckzone			x		
– Leitungsnetze für Wasser mit zahlreichen Verknüpfungen und zahlreichen Zwangspunkten				x	
– einfache Anlagen zur Speicherung von Wasser, zum Beispiel Behälter in Fertigbauweise, Feuerlöschbecken		x			
– Speicherbehälter			x		
– Speicherbehälter in Turmbaumweise				x	

Gruppe 1 – Bauwerke und Anlagen der Wasserversorgung	Honorarzone				
	I	II	III	IV	V
– einfache Wasseraufbereitungsanlagen und Anlagen mit mechanischen Verfahren, Pumpwerke und Druckerhöhungsanlagen			x		
– Wasseraufbereitungsanlagen mit physikalischen und chemischen Verfahren, schwierige Pumpwerke und Druckerhöhungsanlagen				x	
– Bauwerke und Anlagen mehrstufiger oder kombinierter Verfahren der Wasseraufbereitung					x

Gruppe 2 – Bauwerke und Anlagen der Abwasserentsorgung mit Ausnahme Entwässerungsanlagen, die der Zweckbestimmung der Verkehrsanlagen dienen, und Regenwasserversickerung (Abgrenzung zu Freianlagen)	Honorarzone				
	I	II	III	IV	V
– Leitungen für Abwasser ohne Zwangspunkte	x				
– Leitungen für Abwasser mit geringen Verknüpfungen und wenigen Zwangspunkten		x			
– Leitungen für Abwasser mit zahlreichen Verknüpfungen und zahlreichen Zwangspunkten			x		
– einfache Leitungsnetze für Abwasser		x			
– Leitungsnetze für Abwasser mit mehreren Verknüpfungen und mehreren Zwangspunkten			x		
– Leitungsnetze für Abwasser mit zahlreichen Zwangspunkten				x	
– Erdbecken als Regenrückhaltebecken		x			
– Regenbecken und Kanalstauräume mit geringen Verknüpfungen und wenigen Zwangspunkten			x		
– Regenbecken und Kanalstauräume mit zahlreichen Verknüpfungen und zahlreichen Zwangspunkten, kombinierte Regenwasserbewirtschaftungsanlagen				x	
– Schlammabsetzanlagen, Schlammpolder		x			
– Schlammabsetzanlagen mit mechanischen Einrichtungen			x		
– Schlammbehandlungsanlagen				x	
– Bauwerke und Anlagen für mehrstufige oder kombinierte Verfahren der Schlammbehandlung					x
– Industriell systematisierte Abwasserbehandlungsanlagen, einfache Pumpwerke und Hebeanlagen		x			
– Abwasserbehandlungsanlagen mit gemeinsamer aerober Stabilisierung, Pumpwerke und Hebeanlagen			x		
– Abwasserbehandlungsanlagen, schwierige Pumpwerke und Hebeanlagen				x	

Gruppe 2 – Bauwerke und Anlagen der Abwasserentsorgung mit Ausnahme Entwässerungsanlagen, die der Zweckbestimmung der Verkehrsanlagen dienen, und Regenwasserversickerung (Abgrenzung zu Freianlagen)	Honorarzone				
	I	II	III	IV	V
– Schwierige Abwasserbehandlungsanlagen					x

Gruppe 3 – Bauwerke und Anlagen des Wasserbaus ausgenommen Freianlagen nach § 39 Absatz 1	Honorarzone				
	I	II	III	IV	V
– Berieselung und rohrlose Dränung, flächenhafter Erdbau mit unterschiedlichen Schütthöhen oder Materialien		x			
– Beregnung und Rohrdränung			x		
– Beregnung und Rohrdränung bei ungleichmäßigen Boden- und schwierigen Geländeverhältnissen				x	
– Einzelgewässer mit gleichförmigem ungegliedertem Querschnitt ohne Zwangspunkte, ausgenommen Einzelgewässer mit überwiegend ökologischen und landschaftsgestalterischen Elementen	x				
– Einzelgewässer mit gleichförmigem gegliedertem Querschnitt und einigen Zwangspunkten		x			
– Einzelgewässer mit ungleichförmigem ungegliedertem Querschnitt und einigen Zwangspunkten, Gewässersysteme mit einigen Zwangspunkten			x		
– Einzelgewässer mit ungleichförmigem gegliedertem Querschnitt und vielen Zwangspunkten, Gewässersysteme mit vielen Zwangspunkten, besonders schwieriger Gewässerausbau mit sehr hohen technischen Anforderungen und ökologischen Ausgleichsmaßnahmen				x	
– Teiche bis 3 m Dammhöhe über Sohle ohne Hochwasserentlastung ausgenommen Teiche ohne Dämme	x				
– Teiche mit mehr als 3 m Dammhöhe über Sohle ohne Hochwasserentlastung, Teiche bis 3 m Dammhöhe über Sohle mit Hochwasserentlastung		x			
– Hochwasserrückhaltebecken und Talsperren bis 5 m Dammhöhe über Sohle oder bis 100.000 m³ Speicherraum			x		
– Hochwasserrückhaltebecken und Talsperren mit mehr als 100.000 m³ und weniger als 5.000.000 m³ Speicherraum				x	
– Hochwasserrückhaltebecken und Talsperren mit mehr als 5.000.000 m³ Speicherraum					x
– Deich und Dammbauten		x			
– schwierige Deich- und Dammbauten			x		
– besonders schwierige Deich- und Dammbauten				x	

Gruppe 3 – Bauwerke und Anlagen des Wasserbaus	Honorarzone				
ausgenommen Freianlagen nach § 39 Absatz 1	I	II	III	IV	V
– einfache Pumpanlagen, Pumpwerke und Schöpfwerke		x			
– Pump- und Schöpfwerke, Siele			x		
– schwierige Pump- und Schöpfwerke				x	
– Einfache Durchlässe	x				
– Durchlässe und Düker		x			
– schwierige Durchlässe und Düker			x		
– Besonders schwierige Durchlässe und Düker				x	
– einfache feste Wehre		x			
– feste Wehre			x		
– einfache bewegliche Wehre			x		
– bewegliche Wehre				x	
– einfache Sperrwerke und Sperrtore			x		
– Sperrwerke				x	
– Kleinwasserkraftanlagen			x		
– Wasserkraftanlagen				x	
– Schwierige Wasserkraftanlagen, zum Beispiel Pumpspeicherwerke oder Kavernenkraftwerke					x
– Fangedämme, Hochwasserwände			x		
– Fangedämme, Hochwasserschutzwände in schwieriger Bauweise				x	
– eingeschwommene Senkkästen, schwierige Fangedämme, Wellenbrecher					x
– Bootsanlegestellen mit Dalben, Leitwänden, Festmacher- und Fenderanlagen an stehenden Gewässern	x				
– Bootsanlegestellen mit Dalben, Leitwänden, Festmacher- und Fenderanlagen an fließenden Gewässern, einfache Schiffslösch- und -ladestellen, einfache Kaimauern und Piers		x			
– Schiffslösch- und -ladestellen, Häfen, jeweils mit Dalben, Leitwänden, Festmacher- und Fenderanlagen mit hohen Belastungen, Kaimauern und Piers			x		
– Schiffsanlege-, -lösch- und -ladesteilen bei Tide oder Hochwasserbeeinflussung, Häfen bei Tide- und Hochwasserbeeinflussung, schwierige Kaimauern und Piers				x	
– Schwierige schwimmende Schiffsanleger, bewegliche Verladebrücken					x
– Einfache Uferbefestigungen	x				
– Uferwände und -mauern		x			
– Schwierige Uferwände und -mauern, Ufer- und Sohlensicherung an Wasserstraßen			x		

Gruppe 3 – Bauwerke und Anlagen des Wasserbaus	Honorarzone				
ausgenommen Freianlagen nach § 39 Absatz 1	I	II	III	IV	V
– Schifffahrtskanäle mit Dalben, Leitwänden, bei einfachen Bedingungen			x		
– Schifffahrtskanäle mit Dalben, Leitwänden, bei schwierigen Bedingungen in Dammstrecken, mit Kreuzungsbauwerken				x	
– Kanalbrücken					x
– einfache Schiffsschleusen, Bootsschleusen		x			
– Schiffsschleusen bei geringen Hubhöhen			x		
– Schiffsschleusen bei großen Hubhöhen und Sparschleusen				x	
– Schiffshebewerke					x
– Werftanlagen, einfache Docks			x		
– schwierige Docks				x	
– Schwimmdocks					x

Gruppe 4 – Bauwerke und Anlagen für Ver- und Entsorgung	Honorarzone				
mit Gasen, Energieträgern, Feststoffen einschließlich wassergefährdenden Flüssigkeiten, ausgenommen Anlagen nach § 53 Absatz 2	I	II	III	IV	V
– Transportleitungen für Fernwärme, wassergefährdende Flüssigkeiten und Gase ohne Zwangspunkte	x				
– Transportleitungen für Fernwärme, wassergefährdende Flüssigkeiten und Gase mit geringen Verknüpfungen und wenigen Zwangspunkten		x			
– Transportleitungen für Fernwärme, wassergefährdende Flüssigkeiten und Gase mit zahlreichen Verknüpfungen oder zahlreichen Zwangspunkten			x		
– Transportleitungen für Fernwärme, wassergefährdende Flüssigkeiten und Gase mit zahlreichen Verknüpfungen und zahlreichen Zwangspunkten				x	
– Industriell vorgefertigte einstufige Leichtflüssigkeitsabscheider		x			
– Einstufige Leichtflüssigkeitsabscheider			x		
– mehrstufige Leichtflüssigkeitsabscheider				x	
– Leerrohrnetze mit wenigen Verknüpfungen			x		
– Leerrohrnetze mit zahlreichen Verknüpfungen				x	
– Handelsübliche Fertigbehälter für Tankanlagen	x				
– Pumpzentralen für Tankanlagen in Ortbetonbauweise			x		

Gruppe 4 – Bauwerke und Anlagen für Ver- und Entsorgung mit Gasen, Energieträgern, Feststoffen einschließlich wassergefährdenden Flüssigkeiten, ausgenommen Anlagen nach § 53 Absatz 2	Honorarzone				
	I	II	III	IV	V
– Anlagen zur Lagerung wassergefährdender Flüssigkeiten in einfachen Fällen			x		

Gruppe 5 – Bauwerke und Anlagen der Abfallentsorgung	Honorarzone				
	I	II	III	IV	V
– Zwischenlager, Sammelstellen und Umladestationen offener Bauart für Abfälle oder Wertstoffe ohne Zusatzeinrichtungen	x				
– Zwischenlager, Sammelstellen und Umladestationen offener Bauart für Abfälle oder Wertstoffe mit einfachen Zusatzeinrichtungen		x			
– Zwischenlager, Sammelstellen und Umladestationen offener Bauart für Abfälle oder Wertstoffe, mit schwierigen Zusatzeinrichtungen			x		
– Einfache, einstufige Aufbereitungsanlagen für Wertstoffe		x			
– Aufbereitungsanlagen für Wertstoffe			x		
– Mehrstufige Aufbereitungsanlagen für Wertstoffe				x	
– Einfache Bauschuttaufbereitungsanlagen		x			
– Bauschuttaufbereitungsanlagen			x		
– Bauschuttdeponien ohne besondere Einrichtungen		x			
– Bauschuttdeponien			x		
– Pflanzenabfall-Kompostierungsanlagen ohne besondere Einrichtungen		x			
– Biomüll-Kompostierungsanlagen, Pflanzenabfall-Kompostierungsanlagen			x		
– Kompostwerke				x	
– Hausmüll- und Monodeponien			x		
– Hausmülldeponien und Monodeponien mit schwierigen technischen Anforderungen				x	
– Anlagen zur Konditionierung von Sonderabfällen				x	
– Verbrennungsanlagen, Pyrolyseanlagen					x
– Sonderabfalldeponien				x	
– Anlagen für Untertagedeponien				x	
– Behälterdeponien				x	
– Abdichtung von Altablagerungen und kontaminierten Standorten			x		

Gruppe 5 – Bauwerke und Anlagen der Abfallentsorgung	Honorarzone				
	I	II	III	IV	V
– Abdichtung von Altablagerungen und kontaminierten Standorten mit schwierigen technischen Anforderungen				x	
– Anlagen zur Behandlung kontaminierter Böden einschließlich Bodenluft				x	
– einfache Grundwasserdekontaminierungsanlagen				x	
– komplexe Grundwasserdekontaminierungsanlagen					x

Gruppe 6 – konstruktive Ingenieurbauwerke für Verkehrsanlagen	Honorarzone				
	I	II	III	IV	V
– Lärmschutzwälle ausgenommen Lärmschutzwälle als Mittel der Geländegestaltung	x				
– Einfache Lärmschutzanlagen		x			
– Lärmschutzanlagen			x		
– Lärmschutzanlagen in schwieriger städtebaulicher Situation				x	
– Gerade Einfeldbrücken einfacher Bauart		x			
– Einfeldbrücken			x		
– Einfache Mehrfeld- und Bogenbrücken			x		
– Schwierige Einfeld-, Mehrfeld- und Bogenbrücken				x	
– Schwierige, längs vorgespannte Stahlverbundkonstruktionen					x
– Besonders schwierige Brücken					x
– Tunnel- und Trogbauwerke			x		
– Schwierige Tunnel- und Trogbauwerke				x	
– Besonders schwierige Tunnel- und Trogbauwerke					x
– Untergrundbahnhöfe			x		
– schwierige Untergrundbahnhöfe				x	
– besonders schwierige Untergrundbahnhöfe und Kreuzungsbahnhöfe					x

Gruppe 7 – sonstige Einzelbauwerke	Honorarzone				
sonstige Einzelbauwerke ausgenommen Gebäude und Freileitungs- und Oberleitungsmaste	I	II	III	IV	V
– Einfache Schornsteine		x			
– Schornsteine			x		
– Schwierige Schornsteine				x	
– Besonders schwierige Schornsteine					x
– Einfache Masten und Türme ohne Aufbauten	x				
– Masten und Türme ohne Aufbauten		x			

Gruppe 7 – sonstige Einzelbauwerke	Honorarzone				
sonstige Einzelbauwerke ausgenommen Gebäude und Freileitungs- und Oberleitungsmaste	I	II	III	IV	V
– Masten und Türme mit Aufbauten			x		
– Masten und Türme mit Aufbauten und Betriebsgeschoss				x	
– Masten und Türme mit Aufbauten, Betriebsgeschoss und Publikumseinrichtungen					x
– Einfache Kühltürme			x		
– Kühltürme				x	
– Schwierige Kühltürme					x
– Versorgungsbauwerke und Schutzrohre in sehr einfachen Fällen ohne Zwangspunkte	x				
– Versorgungsbauwerke und Schutzrohre mit zugehörigen Schächten für Versorgungssysteme mit wenigen Zwangspunkten		x			
– Versorgungsbauwerke mit zugehörigen Schächten für Versorgungssysteme unter beengten Verhältnissen			x		
– Versorgungsbauwerke mit zugehörigen Schächten in schwierigen Fällen für mehrere Medien				x	
– Flach gegründete, einzeln stehende Silos ohne Anbauten		x			
– Einzeln stehende Silos mit einfachen Anbauten, auch in Gruppenbauweise			x		
– Silos mit zusammengefügten Zellenblöcken und Anbauten				x	
– Schwierige Windkraftanlagen				x	
– Unverankerte Stützbauwerke bei geringen Geländesprüngen ohne Verkehrsbelastung als Mittel zur Geländegestaltung und zur konstruktiven Böschungssicherung	x				
– Unverankerte Stützbauwerke bei hohen Geländesprüngen mit Verkehrsbelastungen mit einfachen Baugrund-, Belastungs- und Geländeverhältnissen		x			
– Stützbauwerke mit Verankerung oder unverankerte Stützbauwerke bei schwierigen Baugrund-, Belastungs- oder Geländeverhältnissen			x		
– Stützbauwerke mit Verankerung und schwierigen Baugrund-, Belastungs- oder Geländeverhältnissen				x	
– Stützbauwerke mit Verankerung und ungewöhnlich schwierigen Randbedingungen					x
– Schlitz- und Bohrpfahlwände, Trägerbohlwände			x		
– Einfache Traggerüste und andere einfache Gerüste			x		
– Traggerüste und andere Gerüste				x	
– Sehr schwierige Gerüste und sehr hohe oder weit gespannte Traggerüste, verschiebliche (Trag-)Gerüste					x

Gruppe 7 – sonstige Einzelbauwerke	Honorarzone				
sonstige Einzelbauwerke ausgenommen Gebäude und Freileitungs- und Oberleitungsmaste	I	II	III	IV	V
– eigenständige Tiefgaragen, einfache Schacht- und Kavernenbauwerke, einfache Stollenbauten			x		
– schwierige eigenständige Tiefgaragen, schwierige Schacht- und Kavernenbauwerke, schwierige Stollenbauwerke				x	
– Besonders schwierige Schacht- und Kavernenbauwerke					x

Anlage 13 Grundleistungen im Leistungsbild Verkehrsanlagen, Besondere Leistungen, Objektliste (zu § 47 Absatz 2, § 48 Absatz 5)

13.1 Leistungsbild Verkehrsanlagen

Grundleistungen	Besondere Leistungen
LPH 1 Grundlagenermittlung	
a) Klären der Aufgabenstellung auf Grund der Vorgaben oder der Bedarfsplanung des Auftraggebers b) Ermitteln der Planungsrandbedingungen sowie Beraten zum gesamten Leistungsbedarf c) Formulieren von Entscheidungshilfen für die Auswahl anderer an der Planung fachlich Beteiligter d) Ortsbesichtigung e) Zusammenfassen, Erläutern und Dokumentieren der Ergebnisse	– Ermitteln besonderer, in den Normen nicht festgelegter Einwirkungen – Auswahl und Besichtigen ähnlicher Objekte
LPH 2 Vorplanung	
a) Beschaffen und Auswerten amtlicher Karten b) Analysieren der Grundlagen c) Abstimmen der Zielvorstellungen auf die öffentlich-rechtlichen Randbedingungen sowie Planungen Dritter d) Untersuchen von Lösungsmöglichkeiten mit ihren Einflüssen auf bauliche und konstruktive Gestaltung, Zweckmäßigkeit, Wirtschaftlichkeit unter Beachtung der Umweltverträglichkeit e) Erarbeiten eines Planungskonzepts einschließlich Untersuchung von bis zu 3 Varianten nach gleichen Anforderungen mit zeichnerischer Darstellung und Bewertung unter Einarbeitung der Beiträge anderer an der Planung fachlich Beteiligter	– Erstellen von Leitungsbestandsplänen – Untersuchungen zur Nachhaltigkeit – Anfertigen von Nutzen-Kosten-Untersuchungen – Wirtschaftlichkeitsprüfung – Beschaffen von Auszügen aus Grundbuch, Kataster und anderen amtlichen Unterlagen

Grundleistungen	Besondere Leistungen
Überschlägige verkehrstechnische Bemessung der Verkehrsanlage, Ermitteln der Schallimmissionen von der Verkehrsanlage an kritischen Stellen nach Tabellenwerten Untersuchen der möglichen Schallschutzmaßnahmen, ausgenommen detaillierte schalltechnische Untersuchungen f) Klären und Erläutern der wesentlichen fachspezifischen Zusammenhänge, Vorgänge und Bedingungen g) Vorabstimmen mit Behörden und anderen an der Planung fachlich Beteiligten über die Genehmigungsfähigkeit, gegebenenfalls Mitwirken bei Verhandlungen über die Bezuschussung und Kostenbeteiligung h) Mitwirken bei Erläutern des Planungskonzepts gegenüber Dritten an bis zu 2 Terminen i) Überarbeiten des Planungskonzepts nach Bedenken und Anregungen j) Bereitstellen von Unterlagen als Auszüge aus der Voruntersuchung zur Verwendung für ein Raumordnungsverfahren k) Kostenschätzung, Vergleich mit den finanziellen Rahmenbedingungen l) Zusammenfassen, Erläutern und Dokumentieren	
LPH 3 Entwurfsplanung	
a) Erarbeiten des Entwurfs auf Grundlage der Vorplanung durch zeichnerische Darstellung im erforderlichen Umfang und Detaillierungsgrad unter Berücksichtigung aller fachspezifischen Anforderungen Bereitstellen der Arbeitsergebnisse als Grundlage für die anderen an der Planung fachlich Beteiligten, sowie Integration und Koordination der Fachplanungen b) Erläuterungsbericht unter Verwendung der Beiträge anderer an der Planung fachlich Beteiligter c) Fachspezifische Berechnungen ausgenommen Berechnungen aus anderen Leistungsbildern	– Fortschreiben von Nutzen-Kosten-Untersuchungen – Detaillierte signaltechnische Berechnung – Mitwirken bei Verwaltungsvereinbarungen – Nachweis der zwingenden Gründe des überwiegenden öffentlichen Interesses der Notwendigkeit der Maßnahme (zum Beispiel Gebiets- und Artenschutz gemäß der Richtlinie 92/43/EWG des Rates vom 21. Mai 1992 zur Erhaltung der natürlichen Lebensräume sowie der wildlebenden Tiere und Pflanzen (ABl. L 206 vom 22.7.1992, S. 7) – Fiktivkostenberechnungen (Kostenteilung)

Grundleistungen	Besondere Leistungen
d) Ermitteln der zuwendungsfähigen Kosten, Mitwirken beim Aufstellen des Finanzierungsplans sowie Vorbereiten der Anträge auf Finanzierung e) Mitwirken beim Erläutern des vorläufigen Entwurfs gegenüber Dritten an bis zu drei Terminen, Überarbeiten des vorläufigen Entwurfs auf Grund von Bedenken und Anregungen f) Vorabstimmen der Genehmigungsfähigkeit mit Behörden und anderen an der Planung fachlich Beteiligten g) Kostenberechnung einschließlich zugehöriger Mengenermittlung, Vergleich der Kostenberechnung mit der Kostenschätzung h) Überschlägige Festlegung der Abmessungen von Ingenieurbauwerken i) Ermitteln der Schallimmissionen von der Verkehrsanlage nach Tabellenwerten; Festlegen der erforderlichen Schallschutzmaßnahmen an der Verkehrsanlage, gegebenenfalls unter Einarbeitung der Ergebnisse detaillierter schalltechnischer Untersuchungen und Feststellen der Notwendigkeit von Schallschutzmaßnahmen an betroffenen Gebäuden j) Rechnerische Festlegung des Objekts k) Darlegen der Auswirkungen auf Zwangspunkte l) Nachweis der Lichtraumprofile m) Ermitteln der wesentlichen Bauphasen unter Berücksichtigung der Verkehrslenkung und der Aufrechterhaltung des Betriebs während der Bauzeit n) Bauzeiten- und Kostenplan o) Zusammenfassen, Erläutern und Dokumentieren der Ergebnisse	

Grundleistungen	Besondere Leistungen
LPH 4 Genehmigungsplanung	
a) Erarbeiten und Zusammenstellen der Unterlagen für die erforderlichen öffentlich-rechtlichen Verfahren oder Genehmigungsverfahren einschließlich der Anträge auf Ausnahmen und Befreiungen, Aufstellen des Bauwerksverzeichnisses unter Verwendung der Beiträge anderer an der Planung fachlich Beteiligter b) Erstellen des Grunderwerbsplans und des Grunderwerbsverzeichnisses unter Verwendung der Beiträge anderer an der Planung fachlich Beteiligter c) Vervollständigen und Anpassen der Planungsunterlagen, Beschreibungen und Berechnungen unter Verwendung der Beiträge anderer an der Planung fachlich Beteiligter d) Abstimmen mit Behörden e) Mitwirken in Genehmigungsverfahren einschließlich der Teilnahme an bis zu vier Erläuterungs-, Erörterungsterminen f) Mitwirken beim Abfassen von Stellungnahmen zu Bedenken und Anregungen in bis zu 10 Kategorien	– Mitwirken bei der Beschaffung der Zustimmung von Betroffenen
LPH 5 Ausführungsplanung	
a) Erarbeiten der Ausführungsplanung auf Grundlage der Ergebnisse der Leistungsphasen 3 und 4 unter Berücksichtigung aller fachspezifischen Anforderungen und Verwendung der Beiträge anderer an der Planung fachlich Beteiligter bis zur ausführungsreifen Lösung b) Zeichnerische Darstellung, Erläuterungen und zur Objektplanung gehörige Berechnungen mit allen für die Ausführung notwendigen Einzelangaben einschließlich Detailzeichnungen in den erforderlichen Maßstäben c) Bereitstellen der Arbeitsergebnisse als Grundlage für die anderen an der Planung fachlich Beteiligten und Integrieren ihrer Beiträge bis zur ausführungsreifen Lösung d) Vervollständigen der Ausführungsplanung während der Objektausführung	– Objektübergreifende, integrierte Bauablaufplanung – Koordination des Gesamtprojekts – Aufstellen von Ablauf- und Netzplänen

<table>
<tr><th>Grundleistungen</th><th>Besondere Leistungen</th></tr>
<tr><td colspan="2">LPH 6 Vorbereiten der Vergabe</td></tr>
<tr><td>a) Ermitteln von Mengen nach Einzelpositionen unter Verwendung der Beiträge anderer an der Planung fachlich Beteiligter
b) Aufstellen der Vergabeunterlagen, insbesondere Anfertigen der Leistungsbeschreibungen mit Leistungsverzeichnissen sowie der Besonderen Vertragsbedingungen
c) Abstimmen und Koordinieren der Schnittstellen zu den Leistungsbeschreibungen der anderen an der Planung fachlich Beteiligten
d) Festlegen der wesentlichen Ausführungsphasen
e) Ermitteln der Kosten auf Grundlage der vom Planer (Entwurfsverfasser) bepreisten Leistungsverzeichnisse
f) Kostenkontrolle durch Vergleich der vom Planer (Entwurfsverfasser) bepreisten Leistungsverzeichnisse mit der Kostenberechnung
g) Zusammenstellen der Vergabeunterlagen</td><td>– detaillierte Planung von Bauphasen bei besonderen Anforderungen</td></tr>
<tr><td colspan="2">LPH 7 Mitwirken bei der Vergabe</td></tr>
<tr><td>a) Einholen von Angeboten
b) Prüfen und Werten der Angebote, Aufstellen der Preisspiegel
c) Abstimmen und Zusammenstellen der Leistungen der fachlich Beteiligten, die an der Vergabe mitwirken
d) Führen von Bietergesprächen
e) Erstellen der Vergabevorschläge, Dokumentation des Vergabeverfahrens
f) Zusammenstellen der Vertragsunterlagen
g) Vergleichen der Ausschreibungsergebnisse mit den vom Planer bepreisten Leistungsverzeichnissen und der Kostenberechnung
h) Mitwirken bei der Auftragserteilung</td><td>– Prüfen und Werten von Nebenangeboten</td></tr>
</table>

Grundleistungen	Besondere Leistungen
LPH 8 Bauoberleitung	

a) Aufsicht über die örtliche Bauüberwachung, Koordinierung der an der Objektüberwachung fachlich Beteiligten, einmaliges Prüfen von Plänen auf Übereinstimmung mit dem auszuführenden Objekt und Mitwirken bei deren Freigabe
b) Aufstellen, Fortschreiben und Überwachen eines Terminplans (Balkendiagramm)
c) Veranlassen und Mitwirken daran, die ausführenden Unternehmen in Verzug zu setzen
d) Kostenfeststellung, Vergleich der Kostenfeststellung mit der Auftragssumme
e) Abnahme von Bauleistungen, Leistungen und Lieferungen unter Mitwirkung der örtlichen Bauüberwachung und anderer an der Planung und Objektüberwachung fachlich Beteiligter, Feststellen von Mängeln, Fertigen einer Niederschrift über das Ergebnis der Abnahme
f) Überwachen der Prüfungen der Funktionsfähigkeit der Anlagenteile und der Gesamtanlage
g) Antrag auf behördliche Abnahmen und Teilnahme daran
h) Übergabe des Objekts
i) Auflisten der Verjährungsfristen der Mängelansprüche
j) Zusammenstellen und Übergeben der Dokumentation des Bauablaufs, der Bestandsunterlagen und der Wartungsvorschriften
	– Kostenkontrolle
	– Prüfen von Nachträgen
	– Erstellen eines Bauwerksbuchs
	– Erstellen von Bestandsplänen
	– Örtliche Bauüberwachung:
	  – Plausibilitätsprüfung der Absteckung
	  – Überwachen der Ausführung der Bauleistungen
	  – Mitwirken beim Einweisen des Auftragnehmers in die Baumaßnahme (Bauanlaufbesprechung)
	  – Überwachen der Ausführung des Objekts auf Übereinstimmung mit den zur Ausführung freigegebenen Unterlagen, dem Bauvertrag und den Vorgaben des Auftraggebers
	  – Prüfen und Bewerten der Berechtigung von Nachträgen
	  – Durchführen oder Veranlassen von Kontrollprüfungen
	  – Überwachen der Beseitigung der bei der Abnahme der Leistungen festgestellten Mängel
	  – Dokumentation des Bauablaufs
	– Mitwirken beim Aufmaß mit den ausführenden Unternehmen und Prüfen der Aufmaße
	– Mitwirken bei behördlichen Abnahmen
	– Mitwirken bei der Abnahme von Leistungen und Lieferungen
	– Rechnungsprüfung, Vergleich der Ergebnisse der Rechnungsprüfungen mit der Auftragssumme
	– Mitwirken beim Überwachen der Prüfung der Funktionsfähigkeit der Anlagenteile und der Gesamtanlage
	– Überwachen der Ausführung von Tragwerken nach Anlage 14.2 Honorarzone I und II mit sehr geringen und geringen Planungsanforderungen auf Übereinstimmung mit dem Standsicherheitsnachweis

Grundleistungen	Besondere Leistungen
LPH 9 Objektbetreuung	
a) Fachliche Bewertung der innerhalb der Verjährungsfristen für Gewährleistungsansprüche festgestellten Mängel, längstens jedoch bis zum Ablauf von fünf Jahren seit Abnahme der Leistung, einschließlich notwendiger Begehungen b) Objektbegehung zur Mängelfeststellung vor Ablauf der Verjährungsfristen für Mängelansprüche gegenüber den ausführenden Unternehmen c) Mitwirken bei der Freigabe von Sicherheitsleistungen	– Überwachen der Mängelbeseitigung innerhalb der Verjährungsfrist

13.2 Objektliste Verkehrsanlagen

Nachstehende Verkehrsanlagen werden in der Regel folgenden Honorarzonen zugeordnet:

	Honorarzone				
Objekte	I	II	III	IV	V
a) Anlagen des Straßenverkehrs					
Außerörtliche Straßen					
– ohne besondere Zwangspunkte oder im wenig bewegten Gelände		x			
– mit besonderen Zwangspunkten oder in bewegtem Gelände			x		
– mit vielen besonderen Zwangspunkten oder in stark bewegtem Gelände				x	
– im Gebirge					x
Innerörtliche Straßen und Plätze					
– Anlieger- und Sammelstraßen		x			
– sonstige innerörtliche Straßen mit normalen verkehrstechnischen Anforderungen oder normaler städtebaulicher Situation (durchschnittliche Anzahl Verknüpfungen mit der Umgebung)			x		
– sonstige innerörtliche Straßen mit hohen verkehrstechnischen Anforderungen oder schwieriger städtebaulicher Situation (hohe Anzahl Verknüpfungen mit der Umgebung)				x	

	Honorarzone				
Objekte	I	II	III	IV	V
– sonstige innerörtliche Straßen mit sehr hohen verkehrstechnischen Anforderungen oder sehr schwieriger städtebaulicher Situation (sehr hohe Anzahl Verknüpfungen mit der Umgebung)					x
Wege					
– im ebenen Gelände mit einfachen Entwässerungsverhältnissen	x				
– im bewegten Gelände mit einfachen Baugrund- und Entwässerungsverhältnissen		x			
– im bewegten Gelände mit schwierigen Baugrund- und Entwässerungsverhältnissen			x		
Plätze, Verkehrsflächen					
– einfache Verkehrsflächen, Plätze außerorts	x				
– innerörtliche Parkplätze		x			
– verkehrsberuhigte Bereiche mit normalen städtebaulichen Anforderungen			x		
– verkehrsberuhigte Bereiche mit hohen städtebaulichen Anforderungen				x	
– Flächen für Güterumschlag Straße zu Straße			x		
– Flächen für Güterumschlag im kombinierten Ladeverkehr				x	
Tankstellen, Rastanlagen					
– mit normalen verkehrstechnischen Anforderungen	x				
– mit hohen verkehrstechnischen Anforderungen			x		
Knotenpunkte					
– einfach höhengleich		x			
– schwierig höhengleich			x		
– sehr schwierig höhengleich				x	
– einfach höhenungleich			x		
– schwierig höhenungleich				x	
– sehr schwierig höhenungleich					x
b) Anlagen des Schienenverkehrs					
Gleis und Bahnsteiganlagen der freien Strecke					
– ohne Weichen und Kreuzungen	x				
– ohne besondere Zwangspunkte oder in wenig bewegtem Gelände		x			
– mit besonderen Zwangspunkten oder in bewegtem Gelände			x		

	Honorarzone				
Objekte	I	II	III	IV	V
– mit vielen Zwangspunkten oder in stark bewegtem Gelände				x	
Gleis- und Bahnsteiganlagen der Bahnhöfe					
– mit einfachen Spurplänen		x			
– mit schwierigen Spurplänen			x		
– mit sehr schwierigen Spurplänen				x	
c) **Anlagen des Flugverkehrs**					
– einfache Verkehrsflächen für Landeplätze, Segelfluggelände		x			
– schwierige Verkehrsflächen für Landeplätze, einfache Verkehrsflächen für Flughäfen			x		
– schwierige Verkehrsflächen für Flughäfen				x	

Anlage 14 Grundleistungen im Leistungsbild Tragwerksplanung, Besondere Leistungen, Objektliste (zu § 51 Absatz 5, § 52 Absatz 2)

14.1 Leistungsbild Tragwerksplanung

Grundleistungen	Besondere Leistungen
LPH 1 Grundlagenermittlung	
a) Klären der Aufgabenstellung auf Grund der Vorgaben oder der Bedarfsplanung des Auftraggebers im Benehmen mit dem Objektplaner b) Zusammenstellen der die Aufgabe beeinflussenden Planungsabsichten c) Zusammenfassen, Erläutern und Dokumentieren der Ergebnisse	
LPH 2 Vorplanung (Projekt- u. Planungsvorbereitung)	
a) Analysieren der Grundlagen b) Beraten in statisch-konstruktiver Hinsicht unter Berücksichtigung der Belange der Standsicherheit, der Gebrauchsfähigkeit und der Wirtschaftlichkeit c) Mitwirken bei dem Erarbeiten eines Planungskonzepts einschließlich Untersuchung der Lösungsmöglichkeiten des Tragwerks unter gleichen Objektbedingungen mit skizzenhafter Darstellung, Klärung und Angabe der für das Tragwerk wesentlichen konstruktiven Festlegungen für zum Beispiel Baustoffe, Bauarten und Herstellungsverfahren, Konstruktionsraster und Gründungsart d) Mitwirken bei Vorverhandlungen mit Behörden und anderen an der Planung fachlich Beteiligten über die Genehmigungsfähigkeit e) Mitwirken bei der Kostenschätzung und bei der Terminplanung f) Zusammenfassen, Erläutern und Dokumentieren der Ergebnisse	– Aufstellen von Vergleichsberechnungen für mehrere Lösungsmöglichkeiten unter verschiedenen Objektbedingungen – Aufstellen eines Lastenplans, zum Beispiel als Grundlage für die Baugrundbeurteilung und Gründungsberatung – Vorläufige nachprüfbare Berechnung wesentlicher tragender Teile – Vorläufige nachprüfbare Berechnung der Gründung

<table>
<tr><th colspan="2">LPH 3 Entwurfsplanung (System- u. Integrationsplanung)</th></tr>
<tr><td>a) Erarbeiten der Tragwerkslösung, unter Beachtung der durch die Objektplanung integrierten Fachplanungen, bis zum konstruktiven Entwurf mit zeichnerischer Darstellung
b) Überschlägige statische Berechnung und Bemessung
c) Grundlegende Festlegungen der konstruktiven Details und Hauptabmessungen des Tragwerks für zum Beispiel Gestaltung der tragenden Querschnitte, Aussparungen und Fugen; Ausbildung der Auflager- und Knotenpunkte sowie der Verbindungsmittel
d) Überschlägiges Ermitteln der Betonstahlmengen im Stahlbetonbau, der Stahlmengen im Stahlbau und der Holzmengen im Ingenieurholzbau
e) Mitwirken bei der Objektbeschreibung bzw. beim Erläuterungsbericht
f) Mitwirken bei Verhandlungen mit Behörden und anderen an der Planung fachlich Beteiligten über die Genehmigungsfähigkeit
g) Mitwirken bei der Kostenberechnung und bei der Terminplanung
h) Mitwirken beim Vergleich der Kostenberechnung mit der Kostenschätzung
i) Zusammenfassen, Erläutern und Dokumentieren der Ergebnisse</td><td>– Vorgezogene, prüfbare und für die Ausführung geeignete Berechnung wesentlich tragender Teile
– Vorgezogene, prüfbare und für die Ausführung geeignete Berechnung der Gründung
– Mehraufwand bei Sonderbauweisen oder Sonderkonstruktionen, zum Beispiel Klären von Konstruktionsdetails
– Vorgezogene Stahl- oder Holzmengenermittlung des Tragwerks und der kraftübertragenden Verbindungsteile für eine Ausschreibung, die ohne Vorliegen von Ausführungsunterlagen durchgeführt wird
– Nachweise der Erdbebensicherung</td></tr>
<tr><th colspan="2">LPH 4 Genehmigungsplanung</th></tr>
<tr><td>a) Aufstellen der prüffähigen statischen Berechnungen für das Tragwerk unter Berücksichtigung der vorgegebenen bauphysikalischen Anforderungen
b) Bei Ingenieurbauwerken: Erfassen von normalen Bauzuständen
c) Anfertigen der Positionspläne für das Tragwerk oder Eintragen der statischen Positionen, der Tragwerksabmessungen, der Verkehrslasten, der Art und Güte der Baustoffe und der Besonderheiten der Konstruktionen in die Entwurfszeichnungen des Objektplaners</td><td>– Nachweise zum konstruktiven Brandschutz, soweit erforderlich unter Berücksichtigung der Temperatur (Heißbemessung)
– Statische Berechnung und zeichnerische Darstellung für Bergschadenssicherungen und Bauzustände bei Ingenieurbauwerken, soweit diese Leistungen über das Erfassen von normalen Bauzuständen hinausgehen</td></tr>
</table>

d) Zusammenstellen der Unterlagen der Tragwerksplanung zur Genehmigung e) Abstimmen mit Prüfämtern und Prüfingenieuren oder Eigenkontrolle f) Vervollständigen und Berichtigen der Berechnungen und Pläne	– Zeichnungen mit statischen Positionen und den Tragwerksabmessungen, den Bewehrungsquerschnitten, den Verkehrslasten und der Art und Güte der Baustoffe sowie Besonderheiten der Konstruktionen zur Vorlage bei der bauaufsichtlichen Prüfung anstelle von Positionsplänen – Aufstellen der Berechnungen nach militärischen Lastenklassen (MLC) – Erfassen von Bauzuständen bei Ingenieurbauwerken, in denen das statische System von dem des Endzustands abweicht – Statische Nachweise an nicht zum Tragwerk gehörende Konstruktionen (zum Beispiel Fassaden)
LPH 5 Ausführungsplanung	
a) Durcharbeiten der Ergebnisse der Leistungsphasen 3 und 4 unter Beachtung der durch die Objektplanung integrierten Fachplanungen b) Anfertigen der Schalpläne in Ergänzung der fertig gestellten Ausführungspläne des Objektplaners c) Zeichnerische Darstellung der Konstruktionen mit Einbau- und Verlegeanweisungen, zum Beispiel Bewehrungspläne, Stahlbau- oder Holzkonstruktionspläne mit Leitdetails (keine Werkstattzeichnungen) d) Aufstellen von Stahl- oder Stücklisten als Ergänzung zur zeichnerischen Darstellung der Konstruktionen mit Stahlmengenermittlung e) Fortführen der Abstimmung mit Prüfämtern und Prüfingenieuren oder Eigenkontrolle	– Konstruktion und Nachweise der Anschlüsse im Stahl- und Holzbau – Werkstattzeichnungen im Stahl- und Holzbau einschließlich Stücklisten, Elementpläne für Stahlbetonfertigteile einschließlich Stahl- und Stücklisten – Berechnen der Dehnwege, Festlegen des Spannvorganges und Erstellen der Spannprotokolle im Spannbetonbau – Rohbauzeichnungen im Stahlbetonbau, die auf der Baustelle nicht der Ergänzung durch die Pläne des Objektplaners bedürfen

LPH 6 Vorbereitung der Vergabe	
a) Ermitteln der Betonstahlmengen im Stahlbetonbau, der Stahlmengen im Stahlbau und der Holzmengen im Ingenieurholzbau als Ergebnis der Ausführungsplanung und als Beitrag zur Mengenermittlung des Objektplaners b) Überschlägiges Ermitteln der Mengen der konstruktiven Stahlteile und statisch erforderlichen Verbindungs- und Befestigungsmittel im Ingenieurholzbau c) Mitwirken beim Erstellen der Leistungsbeschreibung als Ergänzung zu den Mengenermittlungen als Grundlage für das Leistungsverzeichnis des Tragwerks	– Beitrag zur Leistungsbeschreibung mit Leistungsprogramm des Objektplaners[5] – Beitrag zum Aufstellen von vergleichenden Kostenübersichten des Objektplaners – Beitrag zum Aufstellen des Leistungsverzeichnisses des Tragwerks
LPH 7 Mitwirkung bei der Vergabe	
	– Mitwirken bei der Prüfung und Wertung der Angebote Leistungsbeschreibung mit Leistungsprogramm des Objektplaners – Mitwirken bei der Prüfung und Wertung von Nebenangeboten – Mitwirken beim Kostenanschlag nach DIN 276 oder anderer Vorgaben des Auftraggebers aus Einheitspreisen oder Pauschalangeboten
LPH 8 Objektüberwachung	
	– Ingenieurtechnische Kontrolle der Ausführung des Tragwerks auf Übereinstimmung mit den geprüften statischen Unterlagen – Ingenieurtechnische Kontrolle der Baubehelfe, zum Beispiel Arbeits- und Lehrgerüste, Kranbahnen, Baugrubensicherungen – Kontrolle der Betonherstellung und -verarbeitung auf der Baustelle in besonderen Fällen sowie Auswertung der Güteprüfungen – Betontechnologische Beratung – Mitwirken bei der Überwachung der Ausführung der Tragwerkseingriffe bei Umbauten und Modernisierungen

5 Diese Besondere Leistung wird bei Leistungsbeschreibung mit Leistungsprogramm Grundleistung. In diesem Fall entfallen die Grundleistungen dieser Leistungsphase.

LPH 9 Dokumentation und Objektbetreuung	
	– Baubegehung zur Feststellung und Überwachung von die Standsicherheit betreffenden Einflüssen

14.2 Objektliste Tragwerksplanung

Nachstehende Tragwerke können in der Regel folgenden Honorarzonen zugeordnet werden:

	Honorarzone				
	I	II	III	IV	V
Bewertungsmerkmale zur Ermittlung der Honorarzone bei der Tragwerksplanung					
– Tragwerke mit sehr geringem Schwierigkeitsgrad, insbesondere einfache statisch bestimmte ebene Tragwerke aus Holz, Stahl, Stein oder unbewehrtem Beton mit ruhenden Lasten, ohne Nachweis horizontaler Aussteifung	x				
– Tragwerke mit geringem Schwierigkeitsgrad, insbesondere statisch bestimmte ebene Tragwerke in gebräuchlichen Bauarten ohne Vorspann- und Verbundkonstruktionen, mit vorwiegend ruhenden Lasten		x			
– Tragwerke mit durchschnittlichem Schwierigkeitsgrad, insbesondere schwierige statisch bestimmte und statisch unbestimmte ebene Tragwerke in gebräuchlichen Bauarten und ohne Gesamtstabilitätsuntersuchungen			x		
– Tragwerke mit hohem Schwierigkeitsgrad, insbesondere statisch und konstruktiv schwierige Tragwerke in gebräuchlichen Bauarten und Tragwerke, für deren Standsicherheit- und Festigkeitsnachweis schwierig zu ermittelnde Einflüsse zu berücksichtigen sind				x	
– Tragwerke mit sehr hohem Schwierigkeitsgrad, insbesondere statisch und konstruktiv ungewöhnlich schwierige Tragwerke					x
Stützwände, Verbau					
– unverankerte Stützwände zur Abfangung von Geländesprüngen bis 2 m Höhe und konstruktive Böschungssicherungen bei einfachen Baugrund-, Belastungs- und Geländeverhältnissen	x				
– Sicherung von Geländesprüngen bis 4 m Höhe ohne Rückverankerungen bei einfachen Baugrund-, Belastungs- und Geländeverhältnissen wie z. B. Stützwände, Uferwände, Baugrubenverbauten		x			
– Sicherung von Geländesprüngen ohne Rückverankerungen bei schwierigen Baugrund-, Belastungs- oder Geländeverhältnissen oder mit einfacher Rückverankerung bei einfachen Baugrund-, Belastungs- oder Geländeverhältnissen wie z. B. Stützwände, Uferwände, Baugrubenverbauten			x		

	Honorarzone				
	I	II	III	IV	V
– schwierige, verankerte Stützwände, Baugrubenverbauten oder Uferwände				x	
– Baugrubenverbauten mit ungewöhnlich schwierigen Randbedingungen					x
Gründung					
– Flachgründungen einfacher Art		x			
– Flachgründungen mit durchschnittlichem Schwierigkeitsgrad, ebene und räumliche Pfahlgründungen mit durchschnittlichem Schwierigkeitsgrad			x		
– schwierige Flachgründungen, schwierige ebene und räumliche Pfahlgründungen, besondere Gründungsverfahren, Unterfahrungen				x	
Mauerwerk					
– Mauerwerksbauten mit bis zur Gründung durchgehenden tragenden Wänden ohne Nachweis horizontaler Aussteifung		x			
– Tragwerke mit Abfangung der tragenden beziehungsweise aussteifenden Wände			x		
– Konstruktionen mit Mauerwerk nach Eignungsprüfung (Ingenieurmauerwerk)				x	
Gewölbe					
– einfache Gewölbe			x		
– schwierige Gewölbe und Gewölbereihen				x	
Deckenkonstruktionen, Flächentragwerke					
– Deckenkonstruktionen mit einfachem Schwierigkeitsgrad, bei vorwiegend ruhenden Flächenlasten		x			
– Deckenkonstruktionen mit durchschnittlichem Schwierigkeitsgrad			x		
– schiefwinklige Einfeldplatten				x	
– schiefwinklige Mehrfeldplatten					x
– schiefwinklig gelagerte oder gekrümmte Träger				x	
– schiefwinklig gelagerte, gekrümmte Träger					x
– Trägerroste und orthotrope Platten mit durchschnittlichem Schwierigkeitsgrad				x	
– schwierige Trägerroste und schwierige orthotrope Platten					x
– Flächentragwerke (Platten, Scheiben) mit durchschnittlichem Schwierigkeitsgrad				x	
– schwierige Flächentragwerke (Platten, Scheiben, Faltwerke, Schalen)					x

	Honorarzone				
	I	II	III	IV	V
– einfache Faltwerke ohne Vorspannung				x	
Verbund-Konstruktionen					
– einfache Verbundkonstruktionen ohne Berücksichtigung des Einflusses von Kriechen und Schwinden			x		
– Verbundkonstruktionen mittlerer Schwierigkeit				x	
– Verbundkonstruktionen mit Vorspannung durch Spannglieder oder andere Maßnahmen					x
Rahmen- und Skelettbauten					
– ausgesteifte Skelettbauten			x		
– Tragwerke für schwierige Rahmen- und Skelettbauten sowie turmartige Bauten, bei denen der Nachweis der Stabilität und Aussteifung die Anwendung besonderer Berechnungsverfahren erfordert				x	
– einfache Rahmentragwerke ohne Vorspannkonstruktionen und ohne Gesamtstabilitätsuntersuchungen			x		
– Rahmentragwerke mit durchschnittlichem Schwierigkeitsgrad				x	
– schwierige Rahmentragwerke mit Vorspannkonstruktionen und Stabilitätsuntersuchungen					x
Räumliche Stabwerke					
– räumliche Stabwerke mit durchschnittlichem Schwierigkeitsgrad				x	
– schwierige räumliche Stabwerke					x
Seilverspannte Konstruktionen					
– einfache seilverspannte Konstruktionen				x	
– seilverspannte Konstruktionen mit durchschnittlichem bis sehr hohem Schwierigkeitsgrad					x
Konstruktionen mit Schwingungsbeanspruchung					
– Tragwerke mit einfachen Schwingungsuntersuchungen				x	
– Tragwerke mit Schwingungsuntersuchungen mit durchschnittlichem bis sehr hohem Schwierigkeitsgrad					x
Besondere Berechnungsmethoden					
– schwierige Tragwerke, die Schnittgrößenbestimmungen nach der Theorie II. Ordnung erfordern				x	
– ungewöhnlich schwierige Tragwerke, die Schnittgrößenbestimmungen nach der Theorie II. Ordnung erfordern					x
– schwierige Tragwerke in neuen Bauarten					x

	Honorarzone				
	I	II	III	IV	V
– Tragwerke mit Standsicherheitsnachweisen, die nur unter Zuhilfenahme modellstatischer Untersuchungen oder durch Berechnungen mit finiten Elementen beurteilt werden können					x
– Tragwerke, bei denen die Nachgiebigkeit der Verbindungsmittel bei der Schnittkraftermittlung zu berücksichtigen ist					x
Spannbeton					
– einfache, äußerlich und innerlich statisch bestimmte und zwängungsfrei gelagerte vorgespannte Konstruktionen			x		
– vorgespannte Konstruktionen mit durchschnittlichem Schwierigkeitsgrad				x	
– vorgespannte Konstruktionen mit hohem bis sehr hohem Schwierigkeitsgrad					x
Trag-Gerüste					
– einfache Traggerüste und andere einfache Gerüste für Ingenieurbauwerke		x			
– schwierige Traggerüste und andere schwierige Gerüste für Ingenieurbauwerke				x	
– sehr schwierige Traggerüste und andere sehr schwierige Gerüste für Ingenieurbauwerke, zum Beispiel weit gespannte oder hohe Traggerüste					x

Anlage 15 Grundleistungen im Leistungsbild Technische Ausrüstung, Besondere Leistungen, Objektliste (zu § 55 Absatz 3, § 56 Absatz 3)

15.1 Grundleistungen und Besondere Leistungen im Leistungsbild Technische Ausrüstung

Grundleistungen	Besondere Leistungen
LPH 1 Grundlagenermittlung	
a) Klären der Aufgabenstellung auf Grund der Vorgaben oder der Bedarfsplanung des Auftraggebers im Benehmen mit dem Objektplaner b) Ermitteln der Planungsrandbedingungen und Beraten zum Leistungsbedarf und gegebenenfalls zur technischen Erschließung c) Zusammenfassen, Erläutern und Dokumentieren der Ergebnisse	– Mitwirken bei der Bedarfsplanung für komplexe Nutzungen zur Analyse der Bedürfnisse, Ziele und einschränkenden Gegebenheiten (Kosten-, Termine und andere Rahmenbedingungen) des Bauherrn und wichtiger Beteiligter – Bestandsaufnahme, zeichnerische Darstellung und Nachrechnen vorhandener Anlagen und Anlagenteile – Datenerfassung, Analysen und Optimierungsprozesse im Bestand – Durchführen von Verbrauchsmessungen – Endoskopische Untersuchungen – Mitwirken bei der Ausarbeitung von Auslobungen und bei Vorprüfungen für Planungswettbewerbe
LPH 2 Vorplanung (Projekt- und Planungsvorbereitung)	
a) Analysieren der Grundlagen Mitwirken beim Abstimmen der Leistungen mit den Planungsbeteiligten b) Erarbeiten eines Planungskonzepts, dazu gehören zum Beispiel: Vordimensionieren der Systeme und maßbestimmenden Anlagenteile, Untersuchen von alternativen Lösungsmöglichkeiten bei gleichen Nutzungsanforderungen einschließlich Wirtschaftlichkeitsvorbetrachtung, zeichnerische Darstellung zur Integration in die Objektplanung unter Berücksichtigung exemplarischer Details, Angaben zum Raumbedarf c) Aufstellen eines Funktionsschemas bzw. Prinzipschaltbildes für jede Anlage	– Erstellen des technischen Teils eines Raumbuches – Durchführen von Versuchen und Modellversuchen

<table>
<tr><th>Grundleistungen</th><th>Besondere Leistungen</th></tr>
<tr><td>d) Klären und Erläutern der wesentlichen fachübergreifenden Prozesse, Randbedingungen und Schnittstellen, Mitwirken bei der Integration der technischen Anlagen
e) Vorverhandlungen mit Behörden über die Genehmigungsfähigkeit und mit den zu beteiligenden Stellen zur Infrastruktur
f) Kostenschätzung nach DIN 276 (2. Ebene) und Terminplanung
g) Zusammenfassen, Erläutern und Dokumentieren der Ergebnisse</td><td></td></tr>
<tr><td colspan="2">LPH 3 Entwurfsplanung (System- und Integrationsplanung)</td></tr>
<tr><td>a) Durcharbeiten des Planungskonzepts (stufenweise Erarbeitung einer Lösung) unter Berücksichtigung aller fachspezifischen Anforderungen sowie unter Beachtung der durch die Objektplanung integrierten Fachplanungen, bis zum vollständigen Entwurf
b) Festlegen aller Systeme und Anlagenteile
c) Berechnen und Bemessen der technischen Anlagen und Anlagenteile, Abschätzen von jährlichen Bedarfswerten (z. B. Nutz-, End- und Primärenergiebedarf) und Betriebskosten; Abstimmen des Platzbedarfs für technische Anlagen und Anlagenteile; Zeichnerische Darstellung des Entwurfs in einem mit dem Objektplaner abgestimmten Ausgabemaßstab mit Angabe maßbestimmender Dimensionen
Fortschreiben und Detaillieren der Funktions- und Strangschemata der Anlagen
Auflisten aller Anlagen mit technischen Daten und Angaben zum Beispiel für Energiebilanzierungen
Anlagenbeschreibungen mit Angabe der Nutzungsbedingungen
d) Übergeben der Berechnungsergebnisse an andere Planungsbeteiligte zum Aufstellen vorgeschriebener Nachweise; Angabe und Abstimmung der für die Tragwerksplanung notwendigen Angaben über Durchführungen und Lastangaben (ohne Anfertigen von Schlitz- und Durchführungsplänen)</td><td>– Erarbeiten von besonderen Daten für die Planung Dritter, zum Beispiel für Stoffbilanzen, etc.
– Detaillierte Betriebskostenberechnung für die ausgewählte Anlage
– Detaillierter Wirtschaftlichkeitsnachweis
– Berechnung von Lebenszykluskosten
– Detaillierte Schadstoffemissionsberechnung für die ausgewählte Anlage
– Detaillierter Nachweis von Schadstoffemissionen
– Aufstellen einer gewerkeübergreifenden Brandschutzmatrix
– Fortschreiben des technischen Teils des Raumbuches
– Auslegung der technischen Systeme bei Ingenieurbauwerken nach Maschinenrichtlinie
– Anfertigen von Ausschreibungszeichnungen bei Leistungsbeschreibung mit Leistungsprogramm
– Mitwirken bei einer vertieften Kostenberechnung
– Simulationen zur Prognose des Verhaltens von Gebäuden, Bauteilen, Räumen und Freiräumen</td></tr>
</table>

<table>
<tr><th>Grundleistungen</th><th>Besondere Leistungen</th></tr>
<tr><td>e) Verhandlungen mit Behörden und mit anderen zu beteiligenden Stellen über die Genehmigungsfähigkeit
f) Kostenberechnung nach DIN 276 (3. Ebene) und Terminplanung
g) Kostenkontrolle durch Vergleich der Kostenberechnung mit der Kostenschätzung
h) Zusammenfassen, Erläutern und Dokumentieren der Ergebnisse</td><td></td></tr>
<tr><td colspan="2">LPH 4 Genehmigungsplanung</td></tr>
<tr><td>a) Erarbeiten und Zusammenstellen der Vorlagen und Nachweise für öffentlich-rechtliche Genehmigungen oder Zustimmungen einschließlich der Anträge auf Ausnahmen oder Befreiungen sowie Mitwirken bei Verhandlungen mit Behörden
b) Vervollständigen und Anpassen der Planungsunterlagen, Beschreibungen und Berechnungen</td><td></td></tr>
<tr><td colspan="2">LPH 5 Ausführungsplanung</td></tr>
<tr><td>a) Erarbeiten der Ausführungsplanung auf Grundlage der Ergebnisse der Leistungsphasen 3 und 4 (stufenweise Erarbeitung und Darstellung der Lösung) unter Beachtung der durch die Objektplanung integrierten Fachplanungen bis zur ausführungsreifen Lösung
b) Fortschreiben der Berechnungen und Bemessungen zur Auslegung der technischen Anlagen und Anlagenteile
Zeichnerische Darstellung der Anlagen in einem mit dem Objektplaner abgestimmten Ausgabemaßstab und Detaillierungsgrad einschließlich Dimensionen (keine Montage- oder Werkstattpläne)
Anpassen und Detaillieren der Funktions- und Strangschemata der Anlagen bzw. der GA-Funktionslisten
Abstimmen der Ausführungszeichnungen mit dem Objektplaner und den übrigen Fachplanern
c) Anfertigen von Schlitz- und Durchbruchsplänen
d) Fortschreibung des Terminplans</td><td>– Prüfen und Anerkennen von Schalplänen des Tragwerksplaners auf Übereinstimmung mit der Schlitz- und Durchbruchsplanung
– Anfertigen von Plänen für Anschlüsse von beigestellten Betriebsmitteln und Maschinen (Maschinenanschlussplanung) mit besonderem Aufwand (zum Beispiel bei Produktionseinrichtungen)
– Leerrohrplanung mit besonderem Aufwand (zum Beispiel bei Sichtbeton oder Fertigteilen)
– Mitwirkung bei Detailplanungen mit besonderem Aufwand, zum Beispiel Darstellung von Wandabwicklungen in hochinstallierten Bereichen
– Anfertigen von allpoligen Stromlaufplänen</td></tr>
</table>

Grundleistungen	Besondere Leistungen
e) Fortschreiben der Ausführungsplanung auf den Stand der Ausschreibungsergebnisse und der dann vorliegenden Ausführungsplanung des Objektplaners, Übergeben der fortgeschriebenen Ausführungsplanung an die ausführenden Unternehmen f) Prüfen und Anerkennen der Montage- und Werkstattpläne der ausführenden Unternehmen auf Übereinstimmung mit der Ausführungsplanung	
LPH 6 Vorbereitung der Vergabe	
a) Ermitteln von Mengen als Grundlage für das Aufstellen von Leistungsverzeichnissen in Abstimmung mit Beiträgen anderer an der Planung fachlich Beteiligter b) Aufstellen der Vergabeunterlagen, insbesondere mit Leistungsverzeichnissen nach Leistungsbereichen, einschließlich der Wartungsleistungen auf Grundlage bestehender Regelwerke c) Mitwirken beim Abstimmen der Schnittstellen zu den Leistungsbeschreibungen der anderen an der Planung fachlich Beteiligten d) Ermitteln der Kosten auf Grundlage der vom Planer bepreisten Leistungsverzeichnisse e) Kostenkontrolle durch Vergleich der vom Planer bepreisten Leistungsverzeichnisse mit der Kostenberechnung f) Zusammenstellen der Vergabeunterlagen	– Erarbeiten der Wartungsplanung und -organisation – Ausschreibung von Wartungsleistungen, soweit von bestehenden Regelwerken abweichend
LPH 7 Mitwirkung bei der Vergabe	
a) Einholen von Angeboten b) Prüfen und Werten der Angebote, Aufstellen der Preisspiegel nach Einzelpositionen, Prüfen und Werten der Angebote für zusätzliche oder geänderte Leistungen der ausführenden Unternehmen und der Angemessenheit der Preise c) Führen von Bietergesprächen d) Vergleichen der Ausschreibungsergebnisse mit den vom Planer bepreisten Leistungsverzeichnissen und der Kostenberechnung	– Prüfen und Werten von Nebenangeboten – Mitwirken bei der Prüfung von bauwirtschaftlich begründeten Angeboten (Claimabwehr)

Grundleistungen	Besondere Leistungen
e) Erstellen der Vergabevorschläge, Mitwirken bei der Dokumentation der Vergabeverfahren f) Zusammenstellen der Vertragsunterlagen und bei der Auftragserteilung	
LPH 8 Objektüberwachung (Bauüberwachung) und Dokumentation	
a) Überwachen der Ausführung des Objekts auf Übereinstimmung mit der öffentlich-rechtlichen Genehmigung oder Zustimmung, den Verträgen mit den ausführenden Unternehmen, den Ausführungsunterlagen, den Montage- und Werkstattplänen, den einschlägigen Vorschriften und den allgemein anerkannten Regeln der Technik b) Mitwirken bei der Koordination der am Projekt Beteiligten c) Aufstellen, Fortschreiben und Überwachen des Terminplans (Balkendiagramm) d) Dokumentation des Bauablaufs (Bautagebuch) e) Prüfen und Bewerten der Notwendigkeit geänderter oder zusätzlicher Leistungen der Unternehmer und der Angemessenheit der Preise f) Gemeinsames Aufmaß mit den ausführenden Unternehmen g) Rechnungsprüfung in rechnerischer und fachlicher Hinsicht mit Prüfen und Bescheinigen des Leistungsstandes anhand nachvollziehbarer Leistungsnachweise h) Kostenkontrolle durch Überprüfen der Leistungsabrechnungen der ausführenden Unternehmen im Vergleich zu den Vertragspreisen und dem Kostenanschlag i) Kostenfeststellung j) Mitwirken bei Leistungs- u. Funktionsprüfungen k) fachtechnische Abnahme der Leistungen auf Grundlage der vorgelegten Dokumentation, Erstellung eines Abnahmeprotokolls, Feststellen von Mängeln und Erteilen einer Abnahmeempfehlung l) Antrag auf behördliche Abnahmen und Teilnahme daran	– Durchführen von Leistungsmessungen und Funktionsprüfungen – Werksabnahmen – Fortschreiben der Ausführungspläne (zum Beispiel Grundrisse, Schnitte, Ansichten) bis zum Bestand – Erstellen von Rechnungsbelegen anstelle der ausführenden Firmen, zum Beispiel Aufmaß – Schlussrechnung (Ersatzvornahme) – Erstellen fachübergreifender Betriebsanleitungen (zum Beispiel Betriebshandbuch, Reparaturhandbuch) oder computer-aided Facility Management-Konzepte – Planung der Hilfsmittel für Reparaturzwecke

Grundleistungen	Besondere Leistungen
m) Prüfung der übergebenen Revisionsunterlagen auf Vollzähligkeit, Vollständigkeit und stichprobenartige Prüfung auf Übereinstimmung mit dem Stand der Ausführung n) Auflisten der Verjährungsfristen der Ansprüche auf Mängelbeseitigung o) Überwachen der Beseitigung der bei der Abnahme festgestellten Mängel p) Systematische Zusammenstellung der Dokumentation, der zeichnerischen Darstellungen und rechnerischen Ergebnisse des Objekts	
LPH 9 Objektbetreuung	
a) Fachliche Bewertung der innerhalb der Verjährungsfristen für Gewährleistungsansprüche festgestellten Mängel, längstens jedoch bis zum Ablauf von fünf Jahren seit Abnahme der Leistung, einschließlich notwendiger Begehungen b) Objektbegehung zur Mängelfeststellung vor Ablauf der Verjährungsfristen für Mängelansprüche gegenüber den ausführenden Unternehmen c) Mitwirken bei der Freigabe von Sicherheitsleistungen	– Überwachen der Mängelbeseitigung innerhalb der Verjährungsfrist – Energiemonitoring innerhalb der Gewährleistungsphase, Mitwirkung bei den jährlichen Verbrauchsmessungen aller Medien – Vergleich mit den Bedarfswerten aus der Planung, Vorschläge für die Betriebsoptimierung und zur Senkung des Medien- und Energieverbrauches

15.2 Objektliste

	Honorarzone		
	I	II	III
Anlagengruppe 1 Abwasser-, Wasser- oder Gasanlagen			
– Anlagen mit kurzen einfachen Netzen	x		
– Abwasser-, Wasser-, Gas- oder sanitärtechnische Anlagen mit verzweigten Netzen, Trinkwasserzirkulationsanlagen, Hebeanlagen, Druckerhöhungsanlagen		x	
– Anlagen zur Reinigung, Entgiftung oder Neutralisation von Abwasser, Anlagen zur biologischen, chemischen oder physikalischen Behandlung von Wasser, Anlagen mit besonderen hygienischen Anforderungen oder neuen Techniken (zum Beispiel Kliniken, Alten- oder Pflegeeinrichtungen) – Gasdruckreglerstationen, mehrstufige Leichtflüssigkeitsabscheider			x

	Honorarzone		
	I	II	III
Anlagengruppe 2 Wärmeversorgungsanlagen			
– Einzelheizgeräte, Etagenheizung	x		
– Gebäudeheizungsanlagen, mono- oder bivalente Systeme (zum Beispiel Solaranlage zur Brauchwassererwärmung, Wärmepumpenanlagen) – Flächenheizungen – Hausstationen – verzweigte Netze		x	
– Multivalente Systeme – Systeme mit Kraft-Wärme-Kopplung, Dampfanlagen, Heißwasseranlagen, Deckenstrahlheizungen (zum Beispiel Sport- oder Industriehallen)			x
Anlagengruppe 3 Lufttechnische Anlagen			
– Einzelabluftanlagen	x		
– Lüftungsanlagen mit einer thermodynamischen Luftbehandlungsfunktion (zum Beispiel Heizen), Druckbelüftung		x	
– Lüftungsanlagen mit mindestens zwei thermodynamischen Luftbehandlungsfunktionen (zum Beispiel Heizen oder Kühlen), Teilklimaanlagen, Klimaanlagen – Anlagen mit besonderen Anforderungen an die Luftqualität (zum Beispiel Operationsräume) – Kühlanlagen, Kälteerzeugungsanlagen ohne Prozesskälteanlagen – Hausstationen für Fernkälte, Rückkühlanlagen			x
Anlagengruppe 4 Starkstromanlagen			
– Niederspannungsanlagen mit bis zu zwei Verteilungsebenen ab Übergabe EVU einschließlich Beleuchtung oder Sicherheitsbeleuchtung mit Einzelbatterien – Erdungsanlagen	x		
– Kompakt-Transformatorenstationen, Eigenstromerzeugungsanlagen (zum Beispiel zentrale Batterie- oder unterbrechungsfreie Stromversorgungsanlagen, Photovoltaik-Anlagen) – Niederspannungsanlagen mit bis zu drei Verteilebenen ab Übergabe EVU einschließlich Beleuchtungsanlagen – zentrale Sicherheitsbeleuchtungsanlagen – Niederspannungsinstallationen einschließlich Bussystemen – Blitzschutz- oder Erdungsanlagen, soweit nicht in HZ I oder HZ III erwähnt – Außenbeleuchtungsanlagen		x	

	Honorarzone		
	I	II	III
– Hoch- oder Mittelspannungsanlagen, Transformatorenstationen, Eigenstromversorgungsanlagen mit besonderen Anforderungen (zum Beispiel Notstromaggregate, Blockheizkraftwerke, dynamische unterbrechungsfreie Stromversorgung) – Niederspannungsanlagen mit mindestens vier Verteilebenen oder mehr als 1.000 A Nennstrom – Beleuchtungsanlagen mit besonderen Planungsanforderungen (zum Beispiel Lichtsimulationen in aufwendigen Verfahren für Museen oder Sonderräume)			x
– Blitzschutzanlagen mit besonderen Anforderungen (zum Beispiel für Kliniken, Hochhäuser, Rechenzentren)			x
Anlagengruppe 5 Fernmelde- oder informationstechnische Anlagen			
– Einfache Fernmeldeinstallationen mit einzelnen Endgeräten	x		
– Fernmelde- oder informationstechnische Anlagen, soweit nicht in HZ I oder HZ III erwähnt		x	
– Fernmelde- oder informationstechnische Anlagen mit besonderen Anforderungen (zum Beispiel Konferenz- oder Dolmetscheranlagen, Beschallungsanlagen von Sonderräumen, Objektüberwachungsanlagen, aktive Netzwerkkomponenten, Fernübertragungsnetze, Fernwirkanlagen, Parkleitsysteme)			x
Anlagengruppe 6 Förderanlagen			
– Einzelne Standardaufzüge, Kleingüteraufzüge, Hebebühnen	x		
– Aufzugsanlagen, soweit nicht in Honorarzone I oder III erwähnt, Fahrtreppen oder Fahrsteige, Krananlagen, Ladebrücken, Stetigförderanlagen		x	
– Aufzugsanlagen mit besonderen Anforderungen, Fassadenaufzüge, Transportanlagen mit mehr als zwei Sende- oder Empfangsstellen			x
Anlagengruppe 7 Nutzungsspezifische oder verfahrenstechnische Anlagen			
7.1. Nutzungsspezifische Anlagen			
– Küchentechnische Geräte, zum Beispiel für Teeküchen	x		
– Küchentechnische Anlagen, zum Beispiel Küchen mittlerer Größe, Aufwärmküchen, Einrichtungen zur Speise- oder Getränkeaufbereitung, -ausgabe oder -lagerung (keine Produktionsküche) einschließlich zugehöriger Kälteanlagen		x	
– Küchentechnische Anlagen, zum Beispiel Großküchen, Einrichtungen für Produktionsküchen einschließlich der Ausgabe oder Lagerung sowie der zugehörigen Kälteanlagen, Gewerbekälte für Großküchen, große Kühlräume oder Kühlzellen			x
– Wäscherei- oder Reinigungsgeräte, zum Beispiel für Gemeinschaftswaschküchen	x		

	Honorarzone		
	I	II	III
– Wäscherei- oder Reinigungsanlagen, zum Beispiel Wäschereieinrichtungen für Waschsalons		x	
– Wäscherei- oder Reinigungsanlagen, zum Beispiel chemische oder physikalische Einrichtungen für Großbetriebe			x
– Medizin- oder labortechnische Anlagen, zum Beispiel für Einzelpraxen der Allgemeinmedizin	x		
– Medizin- oder labortechnische Anlagen, zum Beispiel für Gruppenpraxen der Allgemeinmedizin oder Einzelpraxen der Fachmedizin, Sanatorien, Pflegeeinrichtungen, Krankenhausabteilungen, Laboreinrichtungen für Schulen		x	
– Medizin- oder labortechnische Anlagen, zum Beispiel für Kliniken, Institute mit Lehr- oder Forschungsaufgaben, Laboratorien, Fertigungsbetriebe			x
– Feuerlöschgeräte, zum Beispiel Handfeuerlöscher	x		
– Feuerlöschanlagen, zum Beispiel manuell betätigte Feuerlöschanlagen		x	
– Feuerlöschanlagen, zum Beispiel selbsttätig auslösende Anlagen			x
– Entsorgungsanlagen, zum Beispiel Abwurfanlagen für Abfall oder Wäsche,	x		
– Entsorgungsanlagen, zum Beispiel zentrale Entsorgungsanlagen für Wäsche oder Abfall, zentrale Staubsauganlagen			x
– Bühnentechnische Anlagen, zum Beispiel technische Anlagen für Klein- oder Mittelbühnen		x	
– Bühnentechnische Anlagen, zum Beispiel für Großbühnen			x
– Medienversorgungsanlagen, zum Beispiel zur Erzeugung, Lagerung, Aufbereitung oder Verteilung medizinischer oder technischer Gase, Flüssigkeiten oder Vakuum			x
– Badetechnische Anlagen, zum Beispiel Aufbereitungsanlagen, Wellenerzeugungsanlagen, höhenverstellbare Zwischenböden			x
– Prozesswärmeanlagen, Prozesskälteanlagen, Prozessluftanlagen, zum Beispiel Vakuumanlagen, Prüfstände, Windkanäle, industrielle Ansauganlagen			x
– Technische Anlagen für Tankstellen, Fahrzeugwaschanlagen			x
– Lagertechnische Anlagen, zum Beispiel Regalbediengeräte (mit zugehörigen Regalanlagen), automatische Warentransportanlagen			x
– Taumittelsprühanlagen oder Enteisungsanlagen		x	
– Stationäre Enteisungsanlagen für Großanlagen, zum Beispiel Flughäfen			x
7.2. Verfahrenstechnische Anlagen			
– Einfache Technische Anlagen der Wasseraufbereitung (zum Beispiel Belüftung, Enteisenung, Entmanganung, chemische Entsäuerung, physikalische Entsäuerung)		x	

	Honorarzone		
	I	II	III
– Technische Anlagen der Wasseraufbereitung (zum Beispiel Membranfiltration, Flockungsfiltration, Ozonierung, Entarsenierung, Entaluminierung, Denitrifikation)			x
– Einfache Technische Anlagen der Abwasserreinigung (zum Beispiel gemeinsame aerobe Stabilisierung)		x	
– Technische Anlagen der Abwasserreinigung (zum Beispiel für mehrstufige Abwasserbehandlungsanlagen)			x
– Einfache Schlammbehandlungsanlagen (zum Beispiel Schlammabsetzanlagen mit mechanischen Einrichtungen)		x	
– Anlagen für mehrstufige oder kombinierte Verfahren der Schlammbehandlung			x
– Einfache Technische Anlagen der Abwasserableitung		x	
– Technische Anlagen der Abwasserableitung			x
– Einfache Technische Anlagen der Wassergewinnung, -förderung, -speicherung		x	
– Technische Anlagen der Wassergewinnung, -förderung, -speicherung			x
– Einfache Regenwasserbehandlungsanlagen		x	
– Einfache Anlagen für Grundwasserdekontaminierungsanlagen		x	
– Komplexe Technische Anlagen für Grundwasserdekontaminierungsanlagen			x
– Einfache Technische Anlagen für die Ver- und Entsorgung mit Gasen (zum Beispiel Odorieranlage)		x	
– Einfache Technische Anlagen für die Ver- und Entsorgung mit Feststoffen		x	
– Technische Anlagen für die Ver- und Entsorgung mit Feststoffen			x
– Einfache Technische Anlagen der Abfallentsorgung (zum Beispiel für Kompostwerke, Anlagen zur Konditionierung von Sonderabfällen, Hausmülldeponien oder Monodeponien für Sonderabfälle, Anlagen für Untertagedeponien, Anlagen zur Behandlung kontaminierter Böden)		x	
– Technische Anlagen der Abfallentsorgung (zum Beispiel für Verbrennungsanlagen, Pyrolyseanlagen, mehrfunktionale Aufbereitungsanlagen für Wertstoffe)			x
Anlagengruppe 8 Gebäudeautomation			
– Herstellerneutrale Gebäudeautomationssysteme oder Automationssysteme mit anlagengruppenübergreifender Systemintegration			x

Honorarberechnungen
Beispiele für die verschiedenen Leistungsbilder der HOAI

Inhaltsübersicht

Zu Teil 2 Abschnitt 1 HOAI
Honorare für Grundleistungen bei Flächennutzungsplänen

Honorarberechnung

Fläche des Plangebiets gemäß § 20 Abs. 2 HOAI	3.261,50 ha

Ermittlung des Gesamthonorars gemäß §§ 20 und 13 HOAI:

Honorarzone:	II	gemäß §§ 5 Abs. 2 und 20 Abs. 3 bis 5 HOAI
Honorarsatz:	Basissatz	gemäß §§ 7 und 20 Abs. 1 HOAI

Fläche:	Basishonorarsatz:	Oberer Honorarsatz:
3.000 ha	147.525 €	173.181 €
3.500 ha	159.047 €	186.707 €

Tafelwerte bei vertraglich vereinbartem Honorarsatz:

147.525 € Honorar, bei 3.000 VE

159.047 € Honorar, bei 3.500 VE

Interpolation (§ 13 HOAI):

$$147.525,00\ € + \frac{(3.261,50 - 3.000) * (159.047\ € - 147.525\ €)}{(3.500 - 3.000)} =$$

Gesamthonorar	**153.551,01 €**

Ermittlung des Honorars für die Leistungsphasen gemäß § 18 Abs. 1 HOAI:

Leistungsphasen:	Bewertung:	Honorar:
1. Vorentwurf für die frühzeitigen Beteiligungen	60%	92.130,60 €
2. Entwurf zur öffentlichen Auslegung	30%	46.065,30 €
3. Plan zur Beschlussfassung	10%	15.355,10 €
Honorar für Grundleistungen	100%	**153.551,01 €**

Zu Teil 2 Abschnitt 1 HOAI
Honorare für Grundleistungen bei Bebauungsplänen

Honorarberechnung

Fläche des Planbereichs gemäß § 21 Abs. 2 7,25 ha

Ermittlung des Gesamthonorars gemäß §§ 21 und 13 HOAI:

Honorarzone:	II	gemäß §§ 5 Abs. 1 u. 21 Abs. 3 u. 4 i.V.m. 20 Abs. 4 und 5 HOAI
Honorarsatz:	Basissatz	gemäß §§ 7 und 21 Abs. 1 HOAI

Fläche:	Basishonorarsatz:	Oberer Honorarsatz:
7 ha	35.595 €	52.294 €
8 ha	39.137 €	57.497 €

Tafelwerte bei vertraglich vereinbartem Honorarsatz:

35.595 € Honorar, bei 7 ha

39.137 € Honorar, bei 8 ha

Interpolation (§ 13 HOAI):

$$35.595{,}00\ € + \frac{(7{,}25 - 7) * (39.137\ € - 35.595\ €)}{(8 - 7)} =$$

Gesamthonorar **36.480,50 €**

Ermittlung des Honorars für die Leistungsphasen gemäß § 19 Abs. 1 HOAI:

Leistungsphasen:	Bewertung:	Honorar:
1. Vorentwurf für die frühzeitigen Beteiligungen	60%	21.888,30 €
2. Entwurf zur öffentlichen Auslegung	30%	10.944,15 €
3. Plan zur Beschlussfassung	10%	3.648,05 €
Honorar für Grundleistungen	100%	**36.480,50 €**

Zu Teil 2 Abschnitt 2 HOAI
Honorare für Grundleistungen bei Landschaftsplänen

Honorarberechnung

Fläche des Plangebiets gemäß § 28 Abs. 2 HOAI	4.185,50 ha

Ermittlung des Gesamthonorars gemäß §§ 28 und 13 HOAI:

Honorarzone:	II	gemäß §§ 5 Abs. 2 und 28 Abs. 3 bis 5 HOAI
Honorarsatz:	Basissatz	gemäß §§ 7 und 28 Abs. 1 HOAI

Fläche:	Basishonorarsatz:	Oberer Honorarsatz:
4.000 ha	60.633 €	71.178 €
5.000 ha	68.319 €	80.200 €

Tafelwerte bei vertraglich vereinbartem Honorarsatz:

60.633 €	Honorar, bei	4.000 ha
68.319 €	Honorar, bei	5.000 ha

Interpolation (§ 13 HOAI):

$$60.633{,}00\ € + \frac{(4.185{,}50 - 4.000) * (68.319\ € - 60.633\ €)}{(5.000 - 4.000)} =$$

Gesamthonorar	**62.058,75 €**

Ermittlung des Honorars für die Leistungsphasen gemäß § 23 Abs. 1 HOAI:

Leistungsphasen:	Bewertung:	Honorar:
1. Klären der Aufgabenstellung und Ermitteln des Leistungsumfangs	3%	1.861,76 €
2. Ermittlung der Planungsgrundlagen	37%	22.961,74 €
3. Vorläufige Fassung	50%	31.029,38 €
4. Abgestimmte Fassung	10%	6.205,88 €
Honorar für Grundleistungen	100%	**62.058,75 €**

Zu Teil 2 Abschnitt 2 HOAI
Honorare für Grundleistungen bei Grünordnungsplänen

Honorarberechnung

Fläche des Plangebiets gemäß § 29 Abs. 2 HOAI	33,80 ha

Ermittlung des Gesamthonorars gemäß §§ 29 und 13 HOAI:

Honorarzone:	I	gemäß §§ 5 Abs. 2 und 29 Abs. 3 bis 5 HOAI
Honorarsatz:	Basissatz	gemäß §§ 7 und 29 Abs. 1 HOAI

Fläche:	Basishonorarsatz:	Oberer Honorarsatz:
30 ha	32.394 €	37.658 €
40 ha	39.580 €	46.011 €

Tafelwerte bei vertraglich vereinbartem Honorarsatz:

32.394 €	Honorar, bei	30 VE
39.580 €	Honorar, bei	40 VE

Interpolation (§ 13 HOAI):

$$32.394{,}00\ € + \frac{(33{,}80 - 30) * (39.580\ € - 32.394\ €)}{(40 - 30)} =$$

Gesamthonorar **35.124,68 €**

Ermittlung des Honorars für die Leistungsphasen gemäß § 24 Abs. 1 HOAI:

Leistungsphasen:	Bewertung:	Honorar:
1. Klären der Aufgabenstellung und Ermitteln des Leistungsumfangs	3%	1.053,74 €
2. Ermittlung der Planungsgrundlagen	37%	12.996,13 €
3. Vorläufige Fassung	50%	17.562,34 €
4. Abgestimmte Fassung	10%	3.512,47 €
Honorar für Grundleistungen	100%	**35.124,68 €**

Zu Teil 2 Abschnitt 2 HOAI
Honorare für Grundleistungen bei Landschaftsrahmenplänen

Honorarberechnung

Fläche des Plangebiets gemäß § 30 Abs. 2 HOAI	17.937,50 ha

Ermittlung des Gesamthonorars gemäß §§ 30 und 13 HOAI:

Honorarzone:	I	gemäß §§ 5 Abs. 3 und 30 Abs. 3 bis 5 HOAI
Honorarsatz:	Basissatz	gemäß §§ 7 und 30 Abs. 1 HOAI

Fläche:	Basishonorarsatz:	Oberer Honorarsatz:
16.000 ha	110.477 €	128.430 €
18.000 ha	116.791 €	135.769 €

Tafelwerte bei vertraglich vereinbartem Honorarsatz:

110.477 € Honorar, bei 16.000 ha

116.791 € Honorar, bei 18.000 ha

Interpolation (§ 13 HOAI):

$$110.477{,}00\ € + \frac{(17.937{,}50 - 16.000) * (116.791\ € - 110.477\ €)}{(18.000 - 16.000)} =$$

Gesamthonorar **116.593,69 €**

Ermittlung des Honorars für die Leistungsphasen gemäß § 25 Abs. 1 HOAI:

Leistungsphasen:	Bewertung:	Honorar:
1. Landschaftsanalyse	3%	3.497,81 €
2. Landschaftsdiagnose	37%	43.139,66 €
3. Entwurf	50%	58.296,84 €
4. Endgültige Planfassung	10%	11.659,37 €
Honorar für Grundleistungen	100%	**116.593,69 €**

Zu Teil 2 Abschnitt 2 HOAI
Honorare für Grundleistungen bei Landschaftspflegerischen Begleitplänen

Honorarberechnung

Fläche des Plangebiets gemäß § 31 Abs. 2 HOAI	128,50 ha

Ermittlung des Gesamthonorars gemäß §§ 31 und 13 HOAI:

Honorarzone:	II	gemäß §§ 5 Abs. 2 und 31 Abs. 3 bis 5 HOAI
Honorarsatz:	Basissatz	gemäß §§ 7 und 31 Abs. 1 HOAI

Fläche:	Basishonorarsatz:	Oberer Honorarsatz:
100 ha	33.859 €	38.956 €
200 ha	54.846 €	63.103 €

Tafelwerte bei vertraglich vereinbartem Honorarsatz:

33.859 €	Honorar, bei	100 ha
54.846 €	Honorar, bei	200 ha

Interpolation (§ 13 HOAI):

$$33.859{,}00\ € + \frac{(128{,}50 - 100) * (54.846\ € - 33.859\ €)}{(200 - 100)} =$$

Gesamthonorar	**39.840,30 €**

Ermittlung des Honorars für die Leistungsphasen gemäß § 26 Abs. 1 HOAI:

Leistungsphasen:	Bewertung:	Honorar:
1. Klären der Aufgabenstellung und Ermitteln des Leistungsumfangs	3%	1.195,21 €
2. Ermitteln und Bewerten der Planungsgrundlagen	37%	14.740,91 €
3. Vorläufige Fassung	50%	19.920,15 €
4. Abgestimmte Fassung	10%	3.984,03 €
Honorar für Grundleistungen	100%	**39.840,30 €**

Zu Teil 2 Abschnitt 2 HOAI
Honorare für Grundleistungen bei Pflege- und Entwicklungsplänen

Honorarberechnung

Fläche des Plangebiets gemäß § 32 Abs. 2 HOAI	256,00 ha

Ermittlung des Gesamthonorars gemäß §§ 32 und 13 HOAI:

Honorarzone:	II	gemäß §§ 5 Abs. 2 und 32 Abs. 3 bis 5 HOAI
Honorarsatz:	Basissatz	gemäß §§ 7 und 32 Abs. 1 HOAI

Fläche:	Basishonorarsatz:	Oberer Honorarsatz:
200 ha	26.330 €	39.495 €
300 ha	30.636 €	45.954 €

Tafelwerte bei vertraglich vereinbartem Honorarsatz:

26.330 €	Honorar, bei	200 ha
30.636 €	Honorar, bei	300 ha

Interpolation (§ 13 HOAI):

$$26.330{,}00\ € + \frac{(256{,}00 - 200) * (30.636\ € - 26.330\ €)}{(300 - 200)} =$$

Gesamthonorar	**28.741,36 €**

Ermittlung des Honorars für die Leistungsphasen gemäß § 27 Abs. 1 HOAI:

Leistungsphasen:	Bewertung:	Honorar:
1. Zusammenstellen der Ausgangsbedingungen	3%	862,24 €
2. Ermitteln der Planungsgrundlagen	37%	10.634,30 €
3. Vorläufige Fassung	50%	14.370,68 €
4. Abgestimmte Fassung	10%	2.874,14 €
Honorar für Grundleistungen	100%	**28.741,36 €**

Zu Teil 3 Abschnitt 1 HOAI
Honorare für Grundleistungen bei Gebäuden und Innenräumen

Honorarberechnung

Anrechenbare Kosten gemäß §§ 4 und 33 HOAI	6.788.573,65 €

Ermittlung des Gesamthonorars gemäß §§ 35 und 13 HOAI:

Honorarzone:	III	gemäß §§ 5 Abs. 1 und 35 Abs. 2, 4, 6, 7 bzw. 3, 5 – 7 HOAI
Honorarsatz:	Basissatz	gemäß §§ 7 und 35 Abs. 1 HOAI

Anrechenbare Kosten:	Basishonorarsatz:	Oberer Honorarsatz:
5.000.000 €	478.207 €	596.416 €
7.500.000 €	686.862 €	856.648 €

Tafelwerte bei vertraglich vereinbartem Honorarsatz:

478.207 € Honorar, bei 5.000.000 € anrechenbaren Kosten

686.862 € Honorar, bei 7.500.000 € anrechenbaren Kosten

Interpolation (§ 13 HOAI):

$$478.207\text{ €} + \frac{(6.788.573{,}65\text{ €} - 5.000.000\text{ €}) * (686.862\text{ €} - 478.207\text{ €})}{(7.500.000\text{ €} - 5.000.000\text{ €})} =$$

Grundhonorar	**627.484,93 €**
Zuschlag für Leistungen bei Umbauten und Modernisierungen (§ 36 Abs. 1 HOAI)	20%[1] 125.496,99 €
Gesamthonorar mit Zuschlag	**752.981,92 €**

1 Gemäß § 36 Abs. 1 HOAI kann bei einem durchschnittlichen Schwierigkeitsgrad bei Gebäuden ein Zuschlag von bis zu 33% in Textform vereinbart werden. Bei Innenräumen kann gemäß § 36 Abs. 2 HOAI bei durchschnittlichem Schwierigkeitsgrad ein Zuschlag von bis zu 50% in Textform vereinbart werden. Ohne Vereinbarung in Textform gilt ein Zuschlag von 20% ab einem durchschnittlichen Schwierigkeitsgrad als vereinbart (§ 6 Abs. 2 S. 4 HOAI).

Ermittlung des Honorars für die Leistungsphasen gemäß § 34 Abs. 3 HOAI:

Leistungsphasen:	Bewertung:	Honorar:
1. Grundlagenermittlung	2%	15.059,64 €
2. Vorplanung	7%	52.708,73 €
3. Entwurfsplanung	15%	112.947,29 €
4. Genehmigungsplanung	3%	22.589,46 €
5. Ausführungsplanung	25%	188.245,48 €
6. Vorbereitung der Vergabe	10%	75.298,19 €
7. Mitwirkung bei der Vergabe	4%	30.119,28 €
8. Objektüberwachung und Dokumentation	32%	240.954,21 €
9. Objektbetreuung	2%	15.059,64 €
Honorar für Grundleistungen	100%	**752.981,92 €**

Zu Teil 3 Abschnitt 2 HOAI
Honorare für Grundleistungen bei Freianlagen

Honorarberechnung

Anrechenbare Kosten gemäß §§ 4 und 38 HOAI	321.228,00 €

Ermittlung des Gesamthonorars gemäß §§ 40 und 13 HOAI:

Honorarzone:	IV	gemäß §§ 5 Abs. 1 und 40 Abs. 2 bis 5 HOAI
Honorarsatz:	Basissatz	gemäß §§ 7 und 40 Abs. 1 HOAI

Anrechenbare Kosten:	Basishonorarsatz:	Oberer Honorarsatz:
250.000 €	55.594 €	63.107 €
350.000 €	73.667 €	83.622 €

Tafelwerte bei vertraglich vereinbartem Honorarsatz:

55.594 € Honorar, bei 250.000 € anrechenbaren Kosten

73.667 € Honorar, bei 350.000 € anrechenbaren Kosten

Interpolation (§ 13 HOAI):

$$55.594\text{ €} + \frac{(321.228{,}00\text{ €} - 250.000\text{ €}) * (73.667\text{ €} - 55.594\text{ €})}{(350.000\text{ €} - 250.000\text{ €})} =$$

Grundhonorar		**68.467,04 €**
Zuschlag für Leistungen bei Umbauten und Modernisierungen (§ 40 Abs. 6 i.V.m. § 36 Abs. 1 HOAI)	20%[2]	13.693,41 €
Gesamthonorar mit Zuschlag		**82.160,44 €**

2 Gemäß § 40 Abs. 6 i.V.m. § 36 Abs. 1 HOAI kann bei einem durchschnittlichen Schwierigkeitsgrad ein Zuschlag von bis zu 33% in Textform vereinbart werden. Ohne Vereinbarung in Textform gilt ein Zuschlag von 20% ab einem durchschnittlichen Schwierigkeitsgrad als vereinbart (§ 6 Abs. 2 S. 4 HOAI).

Ermittlung des Honorars für die Leistungsphasen gemäß § 39 Abs. 3 HOAI:

Leistungsphasen:	Bewertung:	Honorar:
1. Grundlagenermittlung	3%	2.464,81 €
2. Vorplanung	10%	8.216,04 €
3. Entwurfsplanung	16%	13.145,67 €
4. Genehmigungsplanung	4%	3.286,42 €
5. Ausführungsplanung	25%	20.540,11 €
6. Vorbereitung der Vergabe	7%	5.751,23 €
7. Mitwirkung bei der Vergabe	3%	2.464,81 €
8. Objektüberwachung und Dokumentation	30%	24.648,13 €
9. Objektbetreuung	2%	1.643,21 €
Honorar für Grundleistungen	100%	**82.160,44 €**

Zu Teil 3 Abschnitt 3 HOAI
Honorare für Grundleistungen bei Ingenieurbauwerken

Honorarberechnung

Anrechenbare Kosten gemäß §§ 4 und 42 HOAI	859.623,50 €

Ermittlung des Gesamthonorars gemäß §§ 44 und 13 HOAI:

Honorarzone:	III	gemäß §§ 5 Abs. 1 und 44 Abs. 2 bis 5 HOAI
Honorarsatz:	Basissatz	gemäß §§ 7 und 44 Abs. 1 HOAI

Anrechenbare Kosten:	Basishonorarsatz:	Oberer Honorarsatz:
750.000 €	65.767 €	74.863 €
1.000.000 €	81.924 €	93.254 €

Tafelwerte bei vertraglich vereinbartem Honorarsatz:

65.767 € Honorar, bei 750.000 € anrechenbaren Kosten

81.924 € Honorar, bei 1.000.000 € anrechenbaren Kosten

Interpolation (§ 13 HOAI):

$$65.767\ € + \frac{(859.623{,}50\ € - 750.000\ €) * (81.924\ € - 65.767\ €)}{(1.000.000\ € - 750.000\ €)} =$$

Grundhonorar		**72.851,75 €**
Zuschlag für Leistungen bei Umbauten und Modernisierungen (§ 44 Abs. 6 HOAI)	20%[3]	14.570,35 €
Gesamthonorar mit Zuschlag		**87.422,10 €**

3 Gemäß § 44 Abs. 6 HOAI kann bei einem durchschnittlichen Schwierigkeitsgrad ein Zuschlag von bis zu 33% in Textform vereinbart werden. Ohne Vereinbarung in Textform gilt ein Zuschlag von 20% ab einem durchschnittlichen Schwierigkeitsgrad als vereinbart (§ 6 Abs. 2 S. 4 HOAI).

Ermittlung des Honorars für die Leistungsphasen gemäß § 43 Abs. 1 HOAI:

Leistungsphasen:	Bewertung:	Honorar:
1. Grundlagenermittlung	2%	1.748,44 €
2. Vorplanung	20%	17.484,42 €
3. Entwurfsplanung	25%	21.855,52 €
4. Genehmigungsplanung	5%	4.371,10 €
5. Ausführungsplanung	15%	13.113,31 €
6. Vorbereitung der Vergabe	13%	11.364,87 €
7. Mitwirkung bei der Vergabe	4%	3.496,88 €
8. Bauoberleitung	15%	13.113,31 €
9. Objektbetreuung und Dokumentation	1%	874,22 €
Honorar für Grundleistungen	100%	**87.422,10 €**

Zu Teil 3 Abschnitt 4 HOAI
Honorare für Grundleistungen bei Verkehrsanlagen

Honorarberechnung

Anrechenbare Kosten gemäß §§ 4 und 46 HOAI	1.614.762,00 €

Ermittlung des Gesamthonorars gemäß §§ 48 und 13 HOAI:

Honorarzone:	III	gemäß §§ 5 Abs. 1 und 48 Abs. 2 bis 5 HOAI
Honorarsatz:	Basissatz	gemäß §§ 7 und 48 Abs. 1 HOAI

Anrechenbare Kosten:	Basishonorarsatz:	Oberer Honorarsatz:
1.500.000 €	110.600 €	125.896 €
2.000.000 €	136.800 €	155.719 €

Tafelwerte bei vertraglich vereinbartem Honorarsatz:

110.600 € Honorar, bei 1.500.000 € anrechenbaren Kosten

136.800 € Honorar, bei 2.000.000 € anrechenbaren Kosten

Interpolation (§ 13 HOAI):

$$110.600\ € + \frac{(1.614.762{,}00\ € - 1.500.000\ €) * (136.800\ € - 110.600\ €)}{(2.000.000\ € - 1.500.000\ €)} =$$

Grundhonorar	**116.613,53 €**
Zuschlag für Leistungen bei Umbauten und Modernisierungen (§ 48 Abs. 6 HOAI)	20%[4] 23.322,71 €
Gesamthonorar mit Zuschlag	**139.936,23 €**

4 Gemäß § 48 Abs. 6 HOAI kann bei einem durchschnittlichen Schwierigkeitsgrad ein Zuschlag von bis zu 33% in Textform vereinbart werden. Ohne Vereinbarung in Textform gilt ein Zuschlag von 20% ab einem durchschnittlichen Schwierigkeitsgrad als vereinbart (§ 6 Abs. 2 S. 4 HOAI).

Ermittlung des Honorars für die Leistungsphasen gemäß § 47 Abs. 1 HOAI:

Leistungsphasen:	Bewertung:	Honorar:
1. Grundlagenermittlung	2%	2.798,72 €
2. Vorplanung	20%	27.987,25 €
3. Entwurfsplanung	25%	34.984,06 €
4. Genehmigungsplanung	5%	6.996,81 €
5. Ausführungsplanung	15%	20.990,44 €
6. Vorbereitung der Vergabe	13%	18.191,71 €
7. Mitwirkung bei der Vergabe	4%	5.597,45 €
8. Bauoberleitung	15%	20.990,44 €
9. Objektbetreuung und Dokumentation	1%	1.399,36 €
Honorar für Grundleistungen	100%	**139.936,23 €**

Zu Teil 4 Abschnitt 1 HOAI
Honorare für Grundleistungen bei der Tragwerksplanung

Honorarberechnung

Anrechenbare Kosten gemäß §§ 4 und 50 HOAI	1.238.655,00 €

Ermittlung des Gesamthonorars gemäß §§ 52 und 13 HOAI:

Honorarzone:	III	gemäß §§ 5 Abs. 1 und 52 Abs. 2 und 3 HOAI
Honorarsatz:	Basissatz	gemäß §§ 7 und 52 Abs. 1 HOAI

Anrechenbare Kosten:	Basishonorarsatz:	Oberer Honorarsatz:
1.000.000 €	76.984 €	96.014 €
1.250.000 €	91.740 €	114.418 €

Tafelwerte bei vertraglich vereinbartem Honorarsatz:

76.984 € Honorar, bei 1.000.000 € anrechenbaren Kosten

91.740 € Honorar, bei 1.250.000 € anrechenbaren Kosten

Interpolation (§ 13 HOAI):

$$76.984\text{ €} + \frac{(1.238.655{,}00\text{ €} - 1.000.000\text{ €}) * (91.740\text{ €} - 76.984\text{ €})}{(1.250.000\text{ €} - 1.000.000\text{ €})} =$$

Grundhonorar		**91.070,37 €**
Zuschlag für Leistungen bei Umbauten und Modernisierungen (§ 52 Abs. 4 HOAI)	20%[5]	18.214,07 €
Gesamthonorar mit Zuschlag		**109.284,45 €**

5 Gemäß § 52 Abs. 4 HOAI kann bei einem durchschnittlichen Schwierigkeitsgrad ein Zuschlag von bis zu 33% in Textform vereinbart werden. Ohne Vereinbarung in Textform gilt ein Zuschlag von 20% ab einem durchschnittlichen Schwierigkeitsgrad als vereinbart (§ 6 Abs. 2 S. 4 HOAI).

Ermittlung des Honorars für die Leistungsphasen gemäß § 51 Abs. 1 HOAI:

Leistungsphasen:	Bewertung:	Honorar:
1. Grundlagenermittlung	3%	3.278,53 €
2. Vorplanung	10%	10.928,44 €
3. Entwurfsplanung	15%	16.392,67 €
4. Genehmigungsplanung	30%	32.785,33 €
5. Ausführungsplanung	40%	43.713,78 €
6. Vorbereitung der Vergabe	2%	2.185,69 €
7. Mitwirkung bei der Vergabe	0%	0,00 €
8. Objektüberwachung	0%	0,00 €
9. Objektbetreuung	0%	0,00 €
Honorar für Grundleistungen	100%	**109.284,45 €**

Zu Teil 4 Abschnitt 2 HOAI
Honorare für Grundleistungen bei der technischen Ausrüstung zu Anlagengruppe 1 (§ 53 Abs. 2 Nr. 1 HOAI) Abwasser-, Wasser- und Gasanlagen[6]

Honorarberechnung

Anrechenbare Kosten gemäß §§ 4 und 54 HOAI	109.812,00 €

Ermittlung des Gesamthonorars gemäß §§ 54 und 13 HOAI:

Honorarzone:	II	gemäß §§ 5 Abs. 1 und 56 Abs. 2 bis 4 HOAI
Honorarsatz:	Basissatz	gemäß §§ 7 und 56 Abs. 1 HOAI

Anrechenbare Kosten:	Basishonorarsatz:	Oberer Honorarsatz:
100.000 €	27.150 €	31.872 €
150.000 €	37.311 €	43.800 €

Tafelwerte bei vertraglich vereinbartem Honorarsatz:

27.150 €	Honorar, bei	100.000 € anrechenbaren Kosten
37.311 €	Honorar, bei	150.000 € anrechenbaren Kosten

Interpolation (§ 13 HOAI):

$$27.150\text{ €} + \frac{(109.812{,}00\text{ €} - 100.000\text{ €}) * (37.311\text{ €} - 27.150\text{ €})}{(150.000\text{ €} - 100.000\text{ €})} =$$

Grundhonorar	**29.143,99 €**
Zuschlag für Leistungen bei Umbauten und Modernisierungen (§ 56 Abs. 5 HOAI)	20%[7] 5.828,80 €
Gesamthonorar mit Zuschlag	**34.972,79 €**

6 Sind Anlagen einer Anlagengruppe verschiedenen Honorarzonen zuzuordnen, ist eine Quotelungsberechnung i.S. vom § 56 Abs. 4 HOAI vorzunehmen; vgl. Beispiel S. 208 f.

7 Gemäß § 56 Abs. 5 HOAI kann bei einem durchschnittlichen Schwierigkeitsgrad ein Zuschlag von bis zu 50% in Textform vereinbart werden. Ohne Vereinbarung in Textform gilt ein Zuschlag von 20% ab einem durchschnittlichen Schwierigkeitsgrad als vereinbart (§ 6 Abs. 2 S. 4 HOAI).

Ermittlung des Honorars für die Leistungsphasen gemäß § 55 Abs. 1 HOAI:

Leistungsphasen:	Bewertung:	Honorar:
1. Grundlagenermittlung	2%	699,46 €
2. Vorplanung	9%	3.147,55 €
3. Entwurfsplanung	17%	5.945,37 €
4. Genehmigungsplanung	2%	699,46 €
5. Ausführungsplanung	22%	7.694,01 €
6. Vorbereitung der Vergabe	7%	2.448,10 €
7. Mitwirkung bei der Vergabe	5%	1.748,64 €
8. Objektüberwachung	35%	12.240,48 €
9. Objektbetreuung und Dokumentation	1%	349,73 €
Honorar für Grundleistungen	100%	**34.972,79 €**

Zu Teil 4 Abschnitt 2 HOAI
Honorare für Grundleistungen bei der technischen Ausrüstung zu Anlagengruppe 2 (§ 53 Abs. 2 Nr. 2 HOAI) Wärmeversorgungsanlagen[8]

Honorarberechnung

Anrechenbare Kosten gemäß §§ 4 und 54 HOAI	146.462,00 €

Ermittlung des Gesamthonorars gemäß §§ 54 und 13 HOAI:

Honorarzone:	II	gemäß §§ 5 Abs. 1 und 56 Abs. 2 bis 4 HOAI
Honorarsatz:	Basissatz	gemäß §§ 7 und 56 Abs. 1 HOAI

Anrechenbare Kosten:	Basishonorarsatz:	Oberer Honorarsatz:
100.000 €	27.150 €	31.872 €
150.000 €	37.311 €	43.800 €

Tafelwerte bei vertraglich vereinbartem Honorarsatz:

27.150 € Honorar, bei 100.000 € anrechenbaren Kosten

37.311 € Honorar, bei 150.000 € anrechenbaren Kosten

Interpolation (§ 13 HOAI):

$$27.150\ € + \frac{(146.462{,}00\ € - 100.000\ €) * (37.311\ € - 27.150\ €)}{(150.000\ € - 100.000\ €)} =$$

Grundhonorar	**36.592,01 €**
Zuschlag für Leistungen bei Umbauten und Modernisierungen (§ 56 Abs. 5 HOAI)	20%[9] 7.318,40 €
Gesamthonorar mit Zuschlag	**43.910,41 €**

8 Sind Anlagen einer Anlagengruppe verschiedenen Honorarzonen zuzuordnen, ist eine Quotelungsberechnung i.S. vom § 56 Abs. 4 HOAI vorzunehmen; vgl. Beispiel S. 208 f.

9 Gemäß § 56 Abs. 5 HOAI kann bei einem durchschnittlichen Schwierigkeitsgrad ein Zuschlag von bis zu 50% in Textform vereinbart werden. Ohne Vereinbarung in Textform gilt ein Zuschlag von 20% ab einem durchschnittlichen Schwierigkeitsgrad als vereinbart (§ 6 Abs. 2 S. 4 HOAI).

Ermittlung des Honorars für die Leistungsphasen gemäß § 55 Abs. 1 HOAI:

Leistungsphasen:	Bewertung:	Honorar:
1. Grundlagenermittlung	2%	878,21 €
2. Vorplanung	9%	3.951,94 €
3. Entwurfsplanung	17%	7.464,77 €
4. Genehmigungsplanung	2%	878,21 €
5. Ausführungsplanung	22%	9.660,29 €
6. Vorbereitung der Vergabe	7%	3.073,73 €
7. Mitwirkung bei der Vergabe	5%	2.195,52 €
8. Objektüberwachung	35%	15.368,64 €
9. Objektbetreuung und Dokumentation	1%	439,10 €
Honorar für Grundleistungen	100%	**43.910,41 €**

Zu Teil 4 Abschnitt 2 HOAI
Honorare für Grundleistungen bei der technischen Ausrüstung zu Anlagengruppe 3 (§ 53 Abs. 2 Nr. 3 HOAI) Lufttechnische Anlagen[10]

Honorarberechnung

Anrechenbare Kosten gemäß §§ 4 und 54 HOAI	284.593,00 €

Ermittlung des Gesamthonorars gemäß §§ 54 und 13 HOAI:

Honorarzone:	II	gemäß §§ 5 Abs. 1 und 56 Abs. 2 bis 4 HOAI
Honorarsatz:	Basissatz	gemäß §§ 7 und 56 Abs. 1 HOAI

Anrechenbare Kosten:	Basishonorarsatz:	Oberer Honorarsatz:
250.000 €	55.726 €	65.418 €
500.000 €	96.402 €	113.168 €

Tafelwerte bei vertraglich vereinbartem Honorarsatz:

55.726 € Honorar, bei 250.000 € anrechenbaren Kosten

96.402 € Honorar, bei 500.000 € anrechenbaren Kosten

Interpolation (§ 13 HOAI):

$$55.726\ € + \frac{(284.593{,}00\ € - 250.000\ €) * (96.402\ € - 55.726\ €)}{(500.000\ € - 250.000\ €)} =$$

Grundhonorar		**61.354,42 €**
Zuschlag für Leistungen bei Umbauten und Modernisierungen (§ 56 Abs. 5 HOAI)	20%[11]	12.270,88 €
Gesamthonorar mit Zuschlag		**73.625,30 €**

10 Sind Anlagen einer Anlagengruppe verschiedenen Honorarzonen zuzuordnen, ist eine Quotelungsberechnung i.S. vom § 56 Abs. 4 HOAI vorzunehmen; vgl. Beispiel S. 208 f.

11 Gemäß § 56 Abs. 5 HOAI kann bei einem durchschnittlichen Schwierigkeitsgrad ein Zuschlag von bis zu 50% in Textform vereinbart werden. Ohne Vereinbarung in Textform gilt ein Zuschlag von 20% ab einem durchschnittlichen Schwierigkeitsgrad als vereinbart (§ 6 Abs. 2 S. 4 HOAI).

Ermittlung des Honorars für die Leistungsphasen gemäß § 55 Abs. 1 HOAI:

Leistungsphasen:	Bewertung:	Honorar:
1. Grundlagenermittlung	2%	1.472,51 €
2. Vorplanung	9%	6.626,28 €
3. Entwurfsplanung	17%	12.516,30 €
4. Genehmigungsplanung	2%	1.472,51 €
5. Ausführungsplanung	22%	16.197,57 €
6. Vorbereitung der Vergabe	7%	5.153,77 €
7. Mitwirkung bei der Vergabe	5%	3.681,27 €
8. Objektüberwachung	35%	25.768,86 €
9. Objektbetreuung und Dokumentation	1%	736,25 €
Honorar für Grundleistungen	100%	**73.625,30 €**

Zu Teil 4 Abschnitt 2 HOAI
Honorare für Grundleistungen bei der technischen Ausrüstung zu Anlagengruppe 4 (§ 53 Abs. 2 Nr. 4 HOAI) Starkstromanlagen[12]

Honorarberechnung

Anrechenbare Kosten gemäß §§ 4 und 54 HOAI 127.235,00 €

Ermittlung des Gesamthonorars gemäß §§ 54 und 13 HOAI:

Honorarzone:	II	gemäß §§ 5 Abs. 1 und 56 Abs. 2 bis 4 HOAI
Honorarsatz:	Basissatz	gemäß §§ 7 und 56 Abs. 1 HOAI

Anrechenbare Kosten:	Basishonorarsatz:	Oberer Honorarsatz:
100.000 €	27.150 €	31.872 €
150.000 €	37.311 €	43.800 €

Tafelwerte bei vertraglich vereinbartem Honorarsatz:

27.150 € Honorar, bei 100.000 € anrechenbaren Kosten

37.311 € Honorar, bei 150.000 € anrechenbaren Kosten

Interpolation (§ 13 HOAI):

$$27.150\text{ €} + \frac{(127.235{,}00\text{ €} - 100.000\text{ €}) * (37.311\text{ €} - 27.150\text{ €})}{(150.000\text{ €} - 100.000\text{ €})} =$$

Grundhonorar	**32.684,70 €**
Zuschlag für Leistungen bei Umbauten und Modernisierungen (§ 56 Abs. 5 HOAI)	20%[13] 6.536,94 €
Gesamthonorar mit Zuschlag	**39.221,64 €**

12 Sind Anlagen einer Anlagengruppe verschiedenen Honorarzonen zuzuordnen, ist eine Quotelungsberechnung i.S. vom § 56 Abs. 4 HOAI vorzunehmen; vgl. Beispiel S. 208 f.

13 Gemäß § 56 Abs. 5 HOAI kann bei einem durchschnittlichen Schwierigkeitsgrad ein Zuschlag von bis zu 50% in Textform vereinbart werden. Ohne Vereinbarung in Textform gilt ein Zuschlag von 20% ab einem durchschnittlichen Schwierigkeitsgrad als vereinbart (§ 6 Abs. 2 S. 4 HOAI).

Ermittlung des Honorars für die Leistungsphasen gemäß § 55 Abs. 1 HOAI:

Leistungsphasen:	Bewertung:	Honorar:
1. Grundlagenermittlung	2%	784,43 €
2. Vorplanung	9%	3.529,95 €
3. Entwurfsplanung	17%	6.667,68 €
4. Genehmigungsplanung	2%	784,43 €
5. Ausführungsplanung	22%	8.628,76 €
6. Vorbereitung der Vergabe	7%	2.745,51 €
7. Mitwirkung bei der Vergabe	5%	1.961,08 €
8. Objektüberwachung	35%	13.727,57 €
9. Objektbetreuung und Dokumentation	1%	392,22 €
Honorar für Grundleistungen	100%	**39.221,64 €**

Zu Teil 4 Abschnitt 2 HOAI
Honorare für Grundleistungen bei der technischen Ausrüstung zu Anlagengruppe 5 (§ 53 Abs. 2 Nr. 5 HOAI) Fernmelde- und informationstechnische Anlagen[14]

Honorarberechnung

Anrechenbare Kosten gemäß §§ 4 und 54 HOAI	132.985,00 €

Ermittlung des Gesamthonorars gemäß §§ 54 und 13 HOAI:

Honorarzone:	II	gemäß §§ 5 Abs. 1 und 56 Abs. 2 bis 4 HOAI
Honorarsatz:	Basissatz	gemäß §§ 7 und 56 Abs. 1 HOAI

Anrechenbare Kosten:	Basishonorarsatz:	Oberer Honorarsatz:
100.000 €	27.150 €	31.872 €
150.000 €	37.311 €	43.800 €

Tafelwerte bei vertraglich vereinbartem Honorarsatz:

27.150 €	Honorar, bei	100.000 € anrechenbaren Kosten
37.311 €	Honorar, bei	150.000 € anrechenbaren Kosten

Interpolation (§ 13 HOAI):

$$27.150\ € + \frac{(132.985{,}00\ € - 100.000\ €) * (37.311\ € - 27.150\ €)}{(150.000\ € - 100.000\ €)} =$$

Grundhonorar	**33.853,21 €**
Zuschlag für Leistungen bei Umbauten und Modernisierungen (§ 56 Abs. 5 HOAI)	20%[15] 6.770,64 €
Gesamthonorar mit Zuschlag	**40.623,85 €**

14 Sind Anlagen einer Anlagengruppe verschiedenen Honorarzonen zuzuordnen, ist eine Quotelungsberechnung i.S. vom § 56 Abs. 4 HOAI vorzunehmen; vgl. Beispiel S. 208 f.

15 Gemäß § 56 Abs. 5 HOAI kann bei einem durchschnittlichen Schwierigkeitsgrad ein Zuschlag von bis zu 50% in Textform vereinbart werden. Ohne Vereinbarung in Textform gilt ein Zuschlag von 20% ab einem durchschnittlichen Schwierigkeitsgrad als vereinbart (§ 6 Abs. 2 S. 4 HOAI).

Ermittlung des Honorars für die Leistungsphasen gemäß § 55 Abs. 1 HOAI:

Leistungsphasen:	Bewertung:	Honorar:
1. Grundlagenermittlung	2%	812,48 €
2. Vorplanung	9%	3.656,15 €
3. Entwurfsplanung	17%	6.906,06 €
4. Genehmigungsplanung	2%	812,48 €
5. Ausführungsplanung	22%	8.937,25 €
6. Vorbereitung der Vergabe	7%	2.843,67 €
7. Mitwirkung bei der Vergabe	5%	2.031,19 €
8. Objektüberwachung	35%	14.218,35 €
9. Objektbetreuung und Dokumentation	1%	406,24 €
Honorar für Grundleistungen	100%	**40.623,85 €**

Zu Teil 4 Abschnitt 2 HOAI
Honorare für Grundleistungen bei der technischen Ausrüstung zu Anlagengruppe 6 (§ 53 Abs. 2 Nr. 6 HOAI) Förderanlagen[16]

Honorarberechnung

Anrechenbare Kosten gemäß §§ 4 und 54 HOAI	156.823,00 €

Ermittlung des Gesamthonorars gemäß §§ 54 und 13 HOAI:

Honorarzone:	II	gemäß §§ 5 Abs. 1 und 56 Abs. 2 bis 4 HOAI
Honorarsatz:	Basissatz	gemäß §§ 7 und 56 Abs. 1 HOAI

Anrechenbare Kosten:	Basishonorarsatz:	Oberer Honorarsatz:
150.000 €	37.311 €	43.800 €
250.000 €	55.726 €	65.418 €

Tafelwerte bei vertraglich vereinbartem Honorarsatz:

37.311 € Honorar, bei 150.000 € anrechenbaren Kosten

55.726 € Honorar, bei 250.000 € anrechenbaren Kosten

Interpolation (§ 13 HOAI):

$$37.311\text{ €} + \frac{(156.823{,}00\text{ €} - 150.000\text{ €}) * (55.726\text{ €} - 37.311\text{ €})}{(250.000\text{ €} - 150.000\text{ €})} =$$

Grundhonorar	**38.567,46 €**
Zuschlag für Leistungen bei Umbauten und Modernisierungen (§ 56 Abs. 5 HOAI)	20%[17] 7.713,49 €
Gesamthonorar mit Zuschlag	**46.280,95 €**

16 Sind Anlagen einer Anlagengruppe verschiedenen Honorarzonen zuzuordnen, ist eine Quotelungsberechnung i.S. vom § 56 Abs. 4 HOAI vorzunehmen; vgl. Beispiel S. 208 f.

17 Gemäß § 56 Abs. 5 HOAI kann bei einem durchschnittlichen Schwierigkeitsgrad ein Zuschlag von bis zu 50% in Textform vereinbart werden. Ohne Vereinbarung in Textform gilt ein Zuschlag von 20% ab einem durchschnittlichen Schwierigkeitsgrad als vereinbart (§ 6 Abs. 2 S. 4 HOAI).

Ermittlung des Honorars für die Leistungsphasen gemäß § 55 Abs. 1 HOAI:

Leistungsphasen:	Bewertung:	Honorar:
1. Grundlagenermittlung	2%	925,62 €
2. Vorplanung	9%	4.165,29 €
3. Entwurfsplanung	17%	7.867,76 €
4. Genehmigungsplanung	2%	925,62 €
5. Ausführungsplanung	22%	10.181,81 €
6. Vorbereitung der Vergabe	7%	3.239,67 €
7. Mitwirkung bei der Vergabe	5%	2.314,05 €
8. Objektüberwachung	35%	16.198,33 €
9. Objektbetreuung und Dokumentation	1%	462,81 €
Honorar für Grundleistungen	100%	**46.280,95 €**

Zu Teil 4 Abschnitt 2 HOAI
Honorare für Grundleistungen bei der technischen Ausrüstung zu Anlagengruppe 7 (§ 53 Abs. 2 Nr. 7 HOAI) Nutzungsspezifische Anlagen[18]

Honorarberechnung

Anrechenbare Kosten gemäß §§ 4 und 54 HOAI	615.732,00 €

Ermittlung des Gesamthonorars gemäß §§ 54 und 13 HOAI:

Honorarzone:	II	gemäß §§ 5 Abs. 1 und 56 Abs. 2 bis 4 HOAI
Honorarsatz:	Basissatz	gemäß §§ 7 und 56 Abs. 1 HOAI

Anrechenbare Kosten:	Basishonorarsatz:	Oberer Honorarsatz:
500.000 €	96.402 €	113.168 €
750.000 €	132.749 €	155.836 €

Tafelwerte bei vertraglich vereinbartem Honorarsatz:

96.402 € Honorar, bei 500.000 € anrechenbaren Kosten

132.749 € Honorar, bei 750.000 € anrechenbaren Kosten

Interpolation (§ 13 HOAI):

$$96.402\text{ €} + \frac{(615.732{,}00\text{ €} - 500.000\text{ €}) * (132.749\text{ €} - 96.402\text{ €})}{(750.000\text{ €} - 500.000\text{ €})} =$$

Grundhonorar		**113.228,04 €**
Zuschlag für Leistungen bei Umbauten und Modernisierungen (§ 56 Abs. 5 HOAI)	20%[19]	22.645,61 €
Gesamthonorar mit Zuschlag		**135.873,65 €**

18 Bei funktional nicht gleichwertigen nutzungsspezifischen Anlagen sind die Honorare getrennt zu berechnen (§ 54 Abs. 1 Satz 2 HOAI). Sind Anlagen einer Anlagengruppe verschiedenen Honorarzonen zuzuordnen, ist eine Quotelungsberechnung i.S. vom § 56 Abs. 4 HOAI vorzunehmen; vgl. Beispiel S. 208 f.

19 Gemäß § 56 Abs. 5 HOAI kann bei einem durchschnittlichen Schwierigkeitsgrad ein Zuschlag von bis zu 50% in Textform vereinbart werden. Ohne Vereinbarung in Textform gilt ein Zuschlag von 20% ab einem durchschnittlichen Schwierigkeitsgrad als vereinbart (§ 6 Abs. 2 S. 4 HOAI).

Ermittlung des Honorars für die Leistungsphasen gemäß § 55 Abs. 1 HOAI:

Leistungsphasen:	Bewertung:	Honorar:
1. Grundlagenermittlung	2%	2.717,47 €
2. Vorplanung	9%	12.228,63 €
3. Entwurfsplanung	17%	23.098,52 €
4. Genehmigungsplanung	2%	2.717,47 €
5. Ausführungsplanung	22%	29.892,20 €
6. Vorbereitung der Vergabe	7%	9.511,16 €
7. Mitwirkung bei der Vergabe	5%	6.793,68 €
8. Objektüberwachung	35%	47.555,78 €
9. Objektbetreuung und Dokumentation	1%	1.358,74 €
Honorar für Grundleistungen	100%	**135.873,65 €**

Zu Teil 4 Abschnitt 2 HOAI
Honorare für Grundleistungen bei der technischen Ausrüstung zu Anlagengruppe 8 (§ 53 Abs. 2 Nr. 8 HOAI) Gebäudeautomation[20]

Honorarberechnung

Anrechenbare Kosten gemäß §§ 4 und 54 HOAI	216.421,00 €

Ermittlung des Gesamthonorars gemäß §§ 54 und 13 HOAI:

Honorarzone:	III	gemäß §§ 5 Abs. 1 und 56 Abs. 2 bis 4 HOAI
Honorarsatz:	Basissatz	gemäß §§ 7 und 56 Abs. 1 HOAI

Anrechenbare Kosten:	Basishonorarsatz:	Oberer Honorarsatz:
150.000 €	43.800 €	49.883 €
250.000 €	65.418 €	74.504 €

Tafelwerte bei vertraglich vereinbartem Honorarsatz:

43.800 € Honorar, bei 150.000 € anrechenbaren Kosten

65.418 € Honorar, bei 250.000 € anrechenbaren Kosten

Interpolation (§ 13 HOAI):

$$43.800\ € + \frac{(216.421{,}00\ € - 150.000\ €) * (65.418\ € - 43.800\ €)}{(250.000\ € - 150.000\ €)} =$$

Grundhonorar		**58.158,89 €**
Zuschlag für Leistungen bei Umbauten und Modernisierungen (§ 56 Abs. 5 HOAI)	20%[21]	11.631,78 €
Gesamthonorar mit Zuschlag		**69.790,67 €**

20 Sind Anlagen einer Anlagengruppe verschiedenen Honorarzonen zuzuordnen, ist eine Quotelungsberechnung i.S. vom § 56 Abs. 4 HOAI vorzunehmen; vgl. Beispiel S. 208 f.

21 Gemäß § 56 Abs. 5 HOAI kann bei einem durchschnittlichen Schwierigkeitsgrad ein Zuschlag von bis zu 50% in Textform vereinbart werden. Ohne Vereinbarung in Textform gilt ein Zuschlag von 20% ab einem durchschnittlichen Schwierigkeitsgrad als vereinbart (§ 6 Abs. 2 S. 4 HOAI).

Ermittlung des Honorars für die Leistungsphasen gemäß § 55 Abs. 1 HOAI:

Leistungsphasen:	Bewertung:	Honorar:
1. Grundlagenermittlung	2%	1.395,81 €
2. Vorplanung	9%	6.281,16 €
3. Entwurfsplanung	17%	11.864,41 €
4. Genehmigungsplanung	2%	1.395,81 €
5. Ausführungsplanung	22%	15.353,95 €
6. Vorbereitung der Vergabe	7%	4.885,35 €
7. Mitwirkung bei der Vergabe	5%	3.489,53 €
8. Objektüberwachung	35%	24.426,73 €
9. Objektbetreuung und Dokumentation	1%	697,91 €
Honorar für Grundleistungen	100%	**69.790,67 €**

Zu Teil 4 Abschnitt 2 HOAI Honorare für Grundleistungen bei der technischen Ausrüstung bei Anlagen einer Anlagengruppe in verschiedenen Honorarzonen (§ 56 Abs. 4 HOAI; »Quotelungsberechnung«)[22]

Honorarberechnung
Beispiel: Anlagengruppe 3 „Lufttechnische Anlagen“ (§ 51 Nr. 3 HOAI)

Anrechenbare Kosten gemäß §§ 4 und 54 HOAI	
Anteil der anrechenbaren Kosten für Anlagen mit Honorarzone I	6.500,00 €
Anteil der anrechenbaren Kosten für Anlagen mit Honorarzone II	85.000,00 €
Anteil der anrechenbaren Kosten für Anlagen mit Honorarzone III	120.000,00 €
Summe der anrechenbaren Kosten für die gesamte Anlagengruppe	211.500,00 €

Ermittlung des Gesamthonorars gemäß §§ 54 und 13 HOAI:

Honorarzone:	I, II und III	gemäß §§ 5 Abs. 1 und 54 Abs. 2 HOAI
Honorarsatz:	Basissatz	gemäß §§ 7 und 54 Abs. 1 HOAI

a) Berechnung Gesamthonorar bei Honorarzone I:

Anrechenbare Kosten:	Basishonorarsatz:	Oberer Honorarsatz:
5.000,00 €	2.132,00 €	2.547,00 €
10.000,00 €	3.689,00 €	4.408,00 €

bei vertraglich vereinbartem Honorarsatz:
2.132,00 € Honorar, bei 5.000,00 € anrechenbaren Kosten
3.689,00 € Honorar, bei 10.000,00 € anrechenbaren Kosten

Interpolation (§ 13 HOAI):

$$2.132\text{ €} + \frac{(6.500{,}00\text{ €} - 5.000\text{ €}) * (3.689\text{ €} - 2.132\text{ €})}{(10.000\text{ €} - 5.000\text{ €})} =$$

Gesamthonorar bei Honorarzone I **2.599,10 €**

22 Sind Anlagen einer Anlagengruppe verschiedenen Honorarzonen zuzuordnen, ist eine Quotelungsberechnung i.S. vom § 56 Abs. 4 HOAI vorzunehmen.

b) Berechnung Gesamthonorar bei Honorarzone II:

Anrechenbare Kosten:	Basishonorarsatz:	oberer Honorarsatz:
50.000,00 €	15.729,00 €	18.465,00 €
75.000,00 €	21.652,00 €	25.418,00 €

bei vertraglich vereinbartem Honorarsatz:
15.729,00 € Honorar, bei 50.000,00 € anrechenbaren Kosten
21.652,00 € Honorar, bei 75.000,00 € anrechenbaren Kosten

Interpolation (§ 13 HOAI):

$$15.729\ € + \frac{(85.000{,}00\ € - 50.000\ €) * (21.652\ € - 15.729\ €)}{(75.000\ € - 50.000\ €)} =$$

Gesamthonorar bei Honorarzone II **24.021,20 €**

c) Berechnung Gesamthonorar bei Honorarzone III:

Anrechenbare Kosten:	Basishonorarsatz:	oberer Honorarsatz:
100.000,00 €	31.872,00 €	36.299,00 €
150.000,00 €	43.800,00 €	49.883,00 €

bei vertraglich vereinbartem Honorarsatz:
31.872,00 € Honorar, bei 100.000,00 € anrechenbaren Kosten
43.800,00 € Honorar, bei 150.000,00 € anrechenbaren Kosten

Interpolation (§ 13 HOAI):

$$31.872\ € + \frac{(120.000{,}00\ € - 100.000\ €) * (43.800\ € - 31.872\ €)}{(150.000\ € - 100.000\ €)} =$$

Gesamthonorar bei Honorarzone III **36.643,20 €**

Ermittlung der Kostenquoten für die Anlagen der verschiedenen Honorarzonen:

Kostenanteil der Anlagen mit Honorarzone I:
Anteil an gesamten anrechenbaren Kosten: 6.500,00 € / 211.500,00 € = 3,07%

Kostenanteil der Anlagen mit Honorarzone II:
Anteil an gesamten anrechenbaren Kosten: 85.000,00 € / 211.500,00 € = 40,19%

Kostenanteil der Anlagen mit Honorarzone III:
Anteil an gesamten anrechenbaren Kosten: 120.000,00 € / 211.500,00 € = 56,74%

Gesamthonorar für die gesamte Anlagengruppe (§ 56 Abs. 4 HOAI):

	3,07%	aus	2.599,10 € =	79,88 €
	40,19%	aus	24.021,20 € =	9.653,91 €
	56,74%	aus	36.643,20 € =	20.790,47 €
Gesamthonorar				**30.444,38 €**

Ermittlung des Honorars für die Leistungsphasen gemäß § 55 Abs. 1 HOAI:

Leistungsphasen:	Bewertung:	Honorar:
1. Grundlagenermittlung	2%	608,89 €
2. Vorplanung	9%	2.739,99 €
3. Entwurfsplanung	17%	5.175,54 €
4. Genehmigungsplanung	2%	608,89 €
5. Ausführungsplanung	22%	6.697,76 €
6. Vorbereitung der Vergabe	7%	2.131,11 €
7. Mitwirkung bei der Vergabe	5%	1.522,22 €
8. Objektüberwachung	35%	10.655,53 €
9. Objektbetreuung und Dokumentation	1%	304,44 €
Honorar für Grundleistungen	100%	**30.444,38 €**

Zu Anlage 1 Nr. 1.1 HOAI
Honorare für Grundleistungen bei Umweltverträglichkeitsstudien

Honorarberechnung

Gesamtfläche des Untersuchungsraumes gemäß Anlage 1 Nr. 1.1.2 Abs. 2 HOAI	3.569,50 ha

Ermittlung des Gesamthonorars gemäß § 13 und Anlage 1 Nr. 1.1 HOAI:

Honorarzone:	II	gemäß Anlage 1 Nr. 1.1.2 Abs. 3 bis 6 HOAI
Honorarsatz:	Basissatz	gemäß § 7 und Anlage 1 Nr. 1.1.2 Abs. 1 HOAI

Fläche	Basishonorarsatz	Oberer Honorarsatz:
3.000 ha	149.895 €	179.544 €
4.000 ha	178.883 €	214.266 €

Tafelwerte bei vertraglich vereinbartem Honorarsatz:

149.895 € Honorar, bei 3.000 ha

178.883 € Honorar, bei 4.000 ha

Interpolation (§ 13 HOAI):

$$149.895{,}00\ € + \frac{(3.569{,}50 - 3.000) * (178.883\ € - 149.895\ €)}{(4.000 - 3.000)} =$$

Gesamthonorar **166.403,67 €**

Ermittlung des Honorars für die Leistungsphasen gemäß Anlage 1 Nr. 1.1.1 Abs. 1 HOAI:

Leistungsphasen:	Bewertung:	Honorar:
1. Klären der Aufgabenstellung und Ermitteln des Leistungsumfangs	3%	4.992,11 €
2. Grundlagenermittlung	37%	61.569,36 €
3. Vorläufige Fassung	50%	83.201,83 €
4. Abgestimmte Fassung	10%	16.640,37 €
Honorar für Grundleistungen	100%	**166.403,67 €**

Zu Anlage 1 Nr. 1.2 HOAI
Honorare für Grundleistungen bei der Bauphysik Nr. 1.2.3 Wärmeschutz und Energiebilanzierung

Honorarberechnung

Anrechenbare Kosten gemäß Anlage 1 Nr. 1.2.3 Abs. 1 i.V. mit § 33 HOAI	4.125.963,00 €

Ermittlung des Gesamthonorars gemäß § 13 und Anlage 1 Nr. 1.1.2 HOAI:

Honorarzone:	III	gemäß Anlage 1 Nr. 1.2.3 Abs. 1 i.V. mit §§ 5 und 35 HOAI
Honorarsatz:	Basissatz	gemäß § 7 und Anlage 1 Nr. 1.2.3 Abs. 2 HOAI

Anrechenbare Kosten:	Basishonorarsatz:	Oberer Honorarsatz:
3.500.000 €	7.266 €	8.881 €
5.000.000 €	9.469 €	11.573 €

Tafelwerte bei vertraglich vereinbartem Honorarsatz:

7.266 €	Honorar, bei 3.500.000 € anrechenbaren Kosten
9.469 €	Honorar, bei 5.000.000 € anrechenbaren Kosten

Interpolation (§ 13 HOAI):

$$7.266\text{ €} + \frac{(4.125.963{,}00\text{ €} - 3.500.000\text{ €}) * (9.469\text{ €} - 7.266\text{ €})}{(5.000.000\text{ €} - 3.500.000\text{ €})} =$$

Grundhonorar	**8.185,33 €**
Zuschlag für Leistungen bei Umbauten und Modernisierungen (Anlage 1 Nr. 1.2.3 Abs. 3)	20%[23] 1.637,07 €
Gesamthonorar mit Zuschlag	**9.822,40 €**

23 Gemäß Anlage 1.2.3 Abs. 3 HOAI kann bei einem durchschnittlichen Schwierigkeitsgrad ein Zuschlag von bis zu 33% in Textform vereinbart werden. Ohne Vereinbarung in Textform gilt ein Zuschlag von 20% ab einem durchschnittlichen Schwierigkeitsgrad als vereinbart (§ 6 Abs. 2 S. 4 HOAI).

Ermittlung des Honorars für die Leistungsphasen gemäß Anlage 1 Nr. 1.2.2 Abs. 1 HOAI:

Leistungsphasen:	Bewertung:	Honorar:
1. Grundlagenermittlung	3%	294,67 €
2. Mitwirken bei der Vorplanung	20%	1.964,48 €
3. Mitwirken bei der Entwurfsplanung	40%	3.928,96 €
4. Mitwirken bei der Genehmigungsplanung	6%	589,34 €
5. Mitwirken bei der Ausführungsplanung	27%	2.652,05 €
6. Mitwirkung bei der Vorbereitung der Vergabe	2%	196,45 €
7. Mitwirkung bei der Vergabe	2%	196,45 €
Honorar für Grundleistungen	100%	**9.822,40 €**

Zu Anlage 1 Nr. 1.2 HOAI
Honorare für Grundleistungen bei der Bauphysik Nr. 1.2.4 Bauakustik

Honorarberechnung

Anrechenbare Kosten gemäß Anlage 1 Nr. 1.2.4 Abs. 1 und 2 HOAI 1.183.546,00 €

Ermittlung des Gesamthonorars gemäß § 13 und Anlage 1 Nr. 1.2.4 HOAI:

Honorarzone:	II	gemäß Anlage 1.2.4 Abs. 5 bis 7 HOAI
Honorarsatz:	Basissatz	gemäß § 7 und Anlage 1.2.4 Abs. 3 HOAI

Anrechenbare Kosten:	Basishonorarsatz:	Oberer Honorarsatz:
1.000.000 €	4.927 €	5.669 €
1.250.000 €	5.704 €	6.563 €

Tafelwerte bei vertraglich vereinbartem Honorarsatz:

4.927 € Honorar, bei 1.000.000 € anrechenbaren Kosten

5.704 € Honorar, bei 1.250.000 € anrechenbaren Kosten

Interpolation (§ 13 HOAI):

$$4.927\text{ €} + \frac{(1.183.546{,}00\text{ €} - 1.000.000\text{ €}) * (5.704\text{ €} - 4.927\text{ €})}{(1.250.000\text{ €} - 1.000.000\text{ €})} =$$

Grundhonorar	**5.497,46 €**
Zuschlag für Leistungen bei Umbauten und Modernisierungen (Anlage 1 Nr. 1.2.4 Abs. 4)	20%[24] 1.099,49 €
Gesamthonorar mit Zuschlag	**6.596,95 €**

24 Gemäß Anlage 1.2.4 Abs. 4 HOAI kann bei einem durchschnittlichen Schwierigkeitsgrad ein Zuschlag von bis zu 33% in Textform vereinbart werden. Ohne Vereinbarung in Textform gilt ein Zuschlag von 20% ab einem durchschnittlichen Schwierigkeitsgrad als vereinbart (§ 6 Abs. 2 S. 4 HOAI).

Ermittlung des Honorars für die Leistungsphasen gemäß Anlage 1 Nr. 1.2.2 Abs. 1 HOAI:

Leistungsphasen:	Bewertung:	Honorar:
1. Grundlagenermittlung	3%	197,91 €
2. Mitwirken bei der Vorplanung	20%	1.319,39 €
3. Mitwirken bei der Entwurfsplanung	40%	2.638,78 €
4. Mitwirken bei der Genehmigungsplanung	6%	395,82 €
5. Mitwirken bei der Ausführungsplanung	27%	1.781,18 €
6. Mitwirkung bei der Vorbereitung der Vergabe	2%	131,94 €
7. Mitwirkung bei der Vergabe	2%	131,94 €
Honorar für Grundleistungen	100%	**6.596,95 €**

Zu Anlage 1 Nr. 1.2 HOAI
Honorare für Grundleistungen bei der Bauphysik Nr. 1.2.5 Raumakustik

Honorarberechnung

Anrechenbare Kosten gemäß Anlage 1 Nr. 1.2.5 Abs. 1 und 2 HOAI	400.572,00 €

Ermittlung des Gesamthonorars gemäß § 13 und Anlage 1 Nr. 1.2.4 HOAI:

Honorarzone:	III	gemäß Anlage 1 Nr. 1.2.5 Abs. 5 bis 7 HOAI
Honorarsatz:	Basissatz	gemäß § 7 und Anlage 1 Nr. 1.2.5 Abs. 3 HOAI

Anrechenbare Kosten:	Basishonorarsatz:	Oberer Honorarsatz:
400.000 €	4.541 €	5.439 €
500.000 €	5.015 €	6.007 €

Tafelwerte bei vertraglich vereinbartem Honorarsatz:

4.541 €	Honorar, bei	400.000 € anrechenbaren Kosten
5.015 €	Honorar, bei	500.000 € anrechenbaren Kosten

Interpolation (§ 13 HOAI):

$$4.541\ € + \frac{(400.572{,}00\ € - 400.000\ €) * (5.015\ € - 4.541\ €)}{(500.000\ € - 400.000\ €)} =$$

Grundhonorar	**4.543,71 €**
Zuschlag für Leistungen bei Umbauten und Modernisierungen (Anlage 1 Nr. 1.2.5 Abs. 4)	20%[25] 908,74 €
Gesamthonorar mit Zuschlag	**5.452,45 €**

25 Gemäß Anlage 1.2.5 Abs. 4 HOAI kann bei einem durchschnittlichen Schwierigkeitsgrad ein Zuschlag von bis zu 33% in Textform vereinbart werden. Ohne Vereinbarung in Textform gilt ein Zuschlag von 20% ab einem durchschnittlichen Schwierigkeitsgrad als vereinbart (§ 6 Abs. 2 S. 4 HOAI).

Ermittlung des Honorars für die Leistungsphasen gemäß Anlage 1 Nr. 1.2.2 Abs. 1 HOAI:

Leistungsphasen:	Bewertung:	Honorar:
1. Grundlagenermittlung	3%	163,57 €
2. Mitwirken bei der Vorplanung	20%	1.090,49 €
3. Mitwirken bei der Entwurfsplanung	40%	2.180,98 €
4. Mitwirken bei der Genehmigungsplanung	6%	327,15 €
5. Mitwirken bei der Ausführungsplanung	27%	1.472,16 €
6. Mitwirkung bei der Vorbereitung der Vergabe	2%	109,05 €
7. Mitwirkung bei der Vergabe	2%	109,05 €
Honorar für Grundleistungen	100%	**5.452,45 €**

Zu Anlage 1 Nr. 1.3 HOAI
Honorare für Grundleistungen bei der Geotechnik

Honorarberechnung

Anrechenbare Kosten gemäß Anlage 1 Nr. 1.3.2 Abs. 3 i.V. mit § 50 HOAI	726.510,00 €

Ermittlung des Gesamthonorars gemäß § 13 und Anlage 1 Nr. 1.3.4 HOAI:

Honorarzone:	III	gemäß Anlage 1 Nr. 1.3.4 Abs. 2 und 3 HOAI
Honorarsatz:	Basissatz	gemäß § 7 und Anlage 1 Nr. 1.3.4 Abs. 1 HOAI

Anrechenbare Kosten:	Basishonorarsatz:	Oberer Honorarsatz:
500.000 €	4.768 €	6.069 €
750.000 €	5.741 €	7.307 €

Tafelwerte bei vertraglich vereinbartem Honorarsatz:

4.768 €	Honorar, bei	500.000 € anrechenbaren Kosten
5.741 €	Honorar, bei	750.000 € anrechenbaren Kosten

Interpolation (§ 13 HOAI):

$$4.768\text{ €} + \frac{(726.510{,}00\text{ €} - 500.000\text{ €}) * (5.741\text{ €} - 4.768\text{ €})}{(750.000\text{ €} - 500.000\text{ €})} =$$

Gesamthonorar	**5.649,58 €**

Ermittlung des Honorars für die Leistungsphasen gemäß Anlage 1 Nr. 1.3.3 Abs. 2 HOAI:

Leistungsphasen:	Bewertung:	Honorar:
1. Teilleistung a) Grundlagenermittlung und Erkundungskonzept	15%	847,44 €
2. Teilleistung b) Beschreiben der Baugrund- und Grundwasserverhältnisse	35%	1.977,35 €
3. Teilleistung c) Beurteilung der Baugrund- und Grundwasserverhältnisse, Empfehlungen, Hinweise, Angaben zur Bemessung der Gründung	50%	2.824,79 €
Honorar für Grundleistungen	100%	**5.649,58 €**

Zu Anlage 1 Nr. 1.4 HOAI
Honorare für Grundleistungen bei der Ingenieurvermessung Nr. 1.4.8 Abs. 1 Planungsbegleitende Vermessung

Honorarberechnung

Verrechnungseinheiten nach Anlage 1 Nr. 1.4.2 Abs. 2 und 3 HOAI	85 VE

Ermittlung des Gesamthonorars gemäß § 13 und Anlage 1 Nr. 1.4.8 HOAI:

Honorarzone:	III	gemäß Anlage 1 Nr. 1.4.3 HOAI
Honorarsatz:	Basissatz	gemäß § 7 und Anlage 1 Nr. 1.4.8 Abs. 1 HOAI

Verrechnungseinheiten:	Basishonorarsatz:	Oberer Honorarsatz:
50	2.000 €	2.260 €
103	3.007 €	3.399 €

Tafelwerte bei vertraglich vereinbartem Honorarsatz:

2.000 €	Honorar, bei	50 VE Verrechnungseinheiten
3.007 €	Honorar, bei	103 VE Verrechnungseinheiten

Interpolation (§ 13 HOAI):

$$2.000\,€ + \frac{(85{,}00 - 50{,}00) * (3.007\,€ - 2.000\,€)}{(103{,}00 - 50{,}00)} =$$

Gesamthonorar **2.665,00 €**

Ermittlung des Honorars für die Leistungsphasen gemäß Anlage 1 Nr. 1.4.4 Abs. 2 HOAI:

Leistungsphasen:	Bewertung:	Honorar:
1. Grundlagenermittlung	5%	133,25 €
2. Geodätisches Raumbezug	20%	533,00 €
3. Vermessungstechnische Grundlagen	65%	1.732,25 €
4. Digitales Geländemodell	10%	266,50 €
Honorar für Grundleistungen	100%	**2.665,00 €**

Zu Anlage 1 Nr. 1.4 HOAI
Honorare für Grundleistungen bei der Ingenieurvermessung Nr. 1.4.8 Abs. 1 Bauvermessung

Honorarberechnung

Anrechenbare Kosten gemäß Anlage 1 Nr. 1.4.5 Abs. 1 und 2 HOAI 688.790,00 €

Ermittlung des Gesamthonorars gemäß § 13 und Anlage 1 Nr. 1.4.8 HOAI:

Honorarzone:	III	gemäß Anlage 1 Nr. 1.4.6 HOAI
Honorarsatz:	Basissatz	gemäß § 7 und Anlage 1 Nr. 1.4.8 Abs. 2 HOAI

Anrechenbare Kosten:	Basishonorarsatz:	Oberer Honorarsatz:
600.000 €	13.847 €	15.304 €
750.000 €	15.978 €	17.659 €

Tafelwerte bei vertraglich vereinbartem Honorarsatz:

13.847 € Honorar, bei 600.000 € anrechenbaren Kosten

15.978 € Honorar, bei 750.000 € anrechenbaren Kosten

Interpolation (§ 13 HOAI):

$$13.847\,€ + \frac{(688.790{,}00\,€ - 600.000\,€) * (15.978\,€ - 13.847\,€)}{(750.000\,€ - 600.000\,€)} =$$

Gesamthonorar **15.108,41 €**

Ermittlung des Honorars für die Leistungsphasen gemäß Anlage 1 Nr. 1.4.7 Abs. 2 HOAI:

Leistungsphasen:	Bewertung:	Honorar:
1. Baugeometrische Beratung	2%	302,17 €
2. Absteckungsunterlagen	5%	755,42 €
3. Bauvorbereitende Vermessung	16%	2.417,35 €
4. Bauausführungsvermessung	62%	9.367,21 €
5. Vermessungstechnische Überwachung der Bauausführung	15%	2.266,26 €
Honorar für Grundleistungen	100%	**15.108,41 €**

Wolters Kluwer
Vorsprung, auf den Sie bauen können
Werner Privates Baurecht Premium
Die völlig neue Verbindung aus digitalen Assistenten und umfassenden Fachinhalten.
· Über 60 Top-Titel zum Baurecht – Standardwerke und Spezialwissen
· Mindestens 12 Online-Seminare pro Jahr – gemäß § 15 FAO
· Formular-Assistent: Für die einfache Dokumentenerstellung
· Praxiswissen Baurecht: Praxisnah und stets up to date
Jetzt 30 Tage kostenlos testen.
wolterskluwer-online.de/werner-privates-baurecht-premium
wolterskluwer-online.de
ALLES, WAS EXPERTEN BEWEGT.